もっと！
とんでもない
お菓子作り

パティスリー＆カフェ
DEL'IMMO
シェフパティシエ
江口和明

ワニブックス

はじめに

みなさん、元気ですか！

「チョコレート食べていますか?」

前作『とんでもないお菓子作り』では、

「簡単に作れたのに驚くほどおいしかったです！」

「はじめて失敗しないで作れて、家族に喜んでもらえました」

「何度も作っています」

など、あたたかいお言葉をたくさん頂戴しました。

ありがとうございます！

基本のお菓子を網羅してご紹介したうえで、

次にどんなお菓子だったら、みなさんに喜んでいただけるだろうか?

そこからの私のお菓子作りは新しい挑戦でした。

でも、みなさん、まだまだあるんです！

もっと簡単に作れて、もっと見た目も美しくて、もっとおいしい。

本書でご紹介するのは完全新作のみ。

おいしさも作り方も、さらにパワーアップしたレシピです。

ケーキだけでなく、より日々の食事に取り入れやすいパンや

我が家の定番のフレンチトーストなどもご紹介しています。

朝食としても楽しめるレシピを加えることで、

さらに毎日笑顔いっぱいに過ごしていただけるのではないでしょうか。

今回も全工程を丁寧に解説し、

「わかりやすくて簡単で誰もが失敗しないレシピ」にしましたので、

ポイントを押さえながら作れば、

あっという間に初心者の方でもおいしいお菓子が作れるはずです！

私がお菓子を作ったり、食べたりする時に

いつも思いいたるのは、お菓子を囲んでの笑顔。

幼い頃、親が作ってくれるお菓子を家族みんなで食べる時間は

格別の幸せなひとときでした。

それまで元気がなくても、お菓子を前にすれば自然と笑顔になる。

お菓子って、みんなを笑顔にするパワーがあると思うのです。

本書は、そんな気持ちや思い出をたくさんの方に

感じていただきたいと思いながら作りあげた一冊です。

プロのお菓子ではなく、家庭で作れる、みんなを幸せにするお菓子。

本書では前作同様に、YouTubeチャンネルで好評だったレシピの中から

新しく、特に反響の大きかったおすすめのお菓子だけを掲載しました。

レシピによっては、YouTubeでご紹介した時よりも、

さらに簡単においしく作れるように改良したものもあります。

この本がお菓子作りの楽しみと幅を広げるきっかけとなりますように。

ひとりでも多くの方に、おいしいお菓子と笑顔が届くことを願っています！

江口和明

CONTENTS

1^章 定番のケーキ

とんでもないお菓子作りのコツ

お菓子作りで覚えておきたい3つの混ぜ方

1.底からすくうように混ぜる

混ぜる時は全体が均一になるように、左手（利き手が左手なら右手で）ボウルを手前に少しずつまわしながら、ゴムベラで生地を底からすくうようにして混ぜます。お菓子作りに大切なことは、生地のきめが均一に整い、熱が均等に入ること。混ぜすぎて失敗することはないので、よく混ぜましょう！

2.中心から混ぜる

材料を混ぜる時は中心から混ぜはじめるのがうまく作るコツ。特に薄力粉や強力粉などの粉類を液体に加えた時は中心から混ぜるとダマにならず、しっかりと混ぜあわせることができます。最後にゴムベラで底をさらい、混ぜ残しがないか確認することも忘れずに。

3.生地の一部を先に混ぜて 戻し入れる

生地に牛乳などの液体を混ぜる時は、先に液体に生地の一部をすくって加え、よく混ぜたあと、生地に戻し入れて全体をよく混ぜます。先に液体と生地（メレンゲも）の一部を混ぜておくことで、液体が生地に沈まず、混ぜやすくなるとともにまとまりやすくなります。

砂糖は一度に加える

メレンゲを作る時に砂糖を何回かに分けて加える
レシピもありますが、これは失敗のもと。砂糖は
分けずに一度に入れてください。そうすることで
状態が安定して均等に混ざり、きめの細かいメレ
ンゲを作ることができます。

粉類はふるう

1種類の粉であれば1回、数種類の粉を使う場合は
分量の多い粉から順にふるいに入れて数回ふるい
ます。粉のダマやゴミを取り除くだけでなく、粉
類を均一に混ぜあわせることができます。ふるい
に粉のダマが残ったら、指で押して落としましょう。

溶かす時はレンジで

チョコレートやバターは、電子レンジで溶かしま
しょう。湯煎のように、作業中に湯が入る心配が
なく、手軽。ただし、水分を飛ばしたい場合を除き、
ラップをかけることを忘れずに。本書では、チョ
コレートをテンパリングする必要もありません。

オーブンの予熱は+10℃

生地を焼く前に予熱は欠かせません。オーブンの
扉を開け閉めすると、庫内の温度がさがるため、実
際に生地を焼く温度より常に10℃高い温度で行い
ましょう。庫内の温度がさがらないよう、扉の開
け閉めはできるだけすばやく行います。

失敗しないための道具選び

オーブンレンジ

家庭でおすすめなのは、庫内が幅32×奥行29×高さ23cm以上で、1000Wかつ250℃まで使えるタイプ。

ハンドミキサー

スピード調節が3〜5段階できて、アタッチメントのワイヤーがしっかりしているものがおすすめ。

耐熱ガラス製のボウル
（大、中、小）

電子レンジに使えて、泡だて器を使う時に金属どうしが削られる心配がない耐熱ガラス製を。

ふるい

持ち手があり、直径22cmほどの大きさがふるいやすくておすすめ。液体をこす時も使用。

ゴムベラ

全長26cm、ヘラ部分9cmほどの、つなぎ目のないシリコン製が使いやすく衛生的。

泡だて器

泡だて部のワイヤーが変形・劣化しにくく強度があるものがおすすめ。写真はステンレス製。

計量器

お菓子作りには0.1g単位で計量できるものを。容器をのせて重さを0gに設定できるとさらに便利。

絞り袋、口金

絞り袋は使い捨てできるビニール製が衛生的。口金は星型No.4、No.12を使用。

クッキングシート

本書では「ブラノパック」の50×35cmのオーブンペーパーを使用。ほかの商品や、ロールタイプでも。

食品用
OPPシート

25×25cm、厚さ0.03mm以上のもの。生地の状態を確認しながら作業できて便利。クッキングシートで代用可。

カード

パン生地を切ったり、型の隅に生地を流し入れたり、表面をならす時に使用。100円ショップのものでOK。

こちらも用意しておきましょう

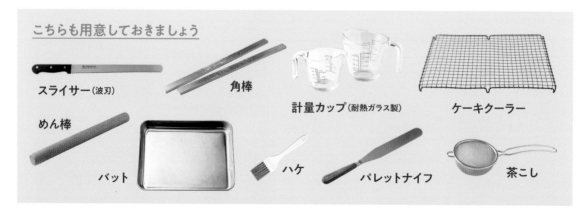

スライサー（波刃）　角棒　計量カップ（耐熱ガラス製）　ケーキクーラー　めん棒　バット　ハケ　パレットナイフ　茶こし

失敗しないための型選び

耐熱ガラス皿（グラタン皿）

長さ21×幅13×高さ4.5cm

100円ショップで300円ほどで購入可能。同様のサイズであればOK。ガラスに厚みのあるほうが生地を均一に焼けます。オーブン対応なら陶器でも。

●いちごのスコップケーキ（P18）
●キャラメルバナナのスコップケーキ（P22）
●スコップティラミス（P48）

底取れ式丸型（ケーキ型）

直径15×高さ6cm

直径15cmが家庭用オーブンでおいしく作れるサイズ。金属製で、お菓子を取り出しやすい底取れ式がおすすめ。

●とろけるチョコレートムースケーキ（P26）
●バスクチーズケーキ（P30）
●チョコバスクチーズケーキ（P34）
●ザッハトルテ（P52）

底取れ式タルト型

直径18×高さ2.5cm

金属製底取れ式がおすすめ。100円ショップのものでもOK。いちごタルトは焼かないので、陶器などでも可。

●サクサク生地のいちごタルト（P106）
●アップルパイ（P110）

角型（ロールケーキ型）

長さ27×幅27×高さ1.7cm

ちょうどよい厚さのロールケーキが作れるサイズがこちらの型。金属製が作りやすく、おすすめです。

●いちごのロールケーキ（P38）
●みかんのチョコロールケーキ（P42）

底取れ式角型

長さ18×幅18×高さ5cm

型離れがよくて取り出しやすい、フッ素樹脂塗膜加工が施された金属製底取れ式を使用。

●材料3つの生チョコ（P58）
●ちぎりチョコパン（P78）
●ちぎりメロンパン（P82）

角型（パウンド型）

長さ16×幅6.5×高さ5.5cm

熱の通りのよい金属製がおすすめ。紙だとうまくふくらまない可能性も。本書のレシピでは底取れ式でなくてもOK。

●米粉のパウンドケーキ（P74）
●ミルキーなふわもち食パン（P94）
●ほくほくスイートポテト（P114）
●かぼちゃプリン（P118）
●キャロットケーキ（P122）

マフィンカップ

直径5.5×高さ5cm

100円ショップのものでOK。大きくサイズが違うと焼き時間が変わるため、近いサイズのものを選ぶこと。

●とろける2層のガトーショコラ（P62）

ココット

直径10×高さ3.5cm

厚みのある陶器だとなめらかな仕上がりに。高さが違うと焼き時間が変わるため、3.5cm程度のものがおすすめ。

●バニラのクレームブリュレ（P70）

抜き型

直径8cm、直径4cm

2つを組みあわせて使用。同じくらいのサイズであれば、マグカップとペットボトルのふたなどを組みあわせても。

●オールドファッションドーナツ（P90）

失敗しないための材料選び

チョコレート

本来の使い方だけでなく、バターや生クリームの代わりに使うなど、本書の
お菓子作りに大活躍する重要な材料。植物油脂が入っているかいないかで
溶ける温度やかたまり方が変わります。本書では植物油脂不使用のチョコ
レートを前提としたレシピのため、同様のものを選んでください。ここでは
「デリーモ」のカカオ41%、67%、ホワイトチョコレートを使用。

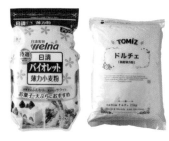

強力粉

好みにあわせて選んでOK。お
すすめは風味と色のバランス
がよい「日清 カメリア」。高
級パン用の強力粉として知ら
れています。

薄力粉

お菓子全般に適していて入手
しやすいのは「日清 バイオレ
ット」。こだわるならしっとり
感とサクサク感が出る「ドル
チェ（江別製粉）」がおすすめ。

米粉

米の種類によって風味も扱いや
すさも異なる米粉。本書のレシ
ピでおすすめなのは「九州産米
（ミズホチカラ）製菓用米粉」。
ふっくらと焼きあがります。

砂糖

使いやすいのはグラニュー糖。粒子が細かいものがお菓子向きです。しっとりとして甘味が強いのは上白糖、コクがあるのはきび糖。粉糖はコーンスターチが入っていないものを使用して。

ココアパウダー

質のよいココアパウダーを使うとお菓子の風味が格段に変わります。おすすめは、色が濃くて風味が強い「ヴァローナ」のもの。

塩

フランスの天日塩「フルール ド セル」がおすすめ。奥深い旨味と甘味で知られ、食材の風味を引き立ててくれます。

バター

お菓子作りに向いているのは、塩分をコントロールできる食塩不使用のバター。塩が必要な場合は、別に加えます。

生クリーム

動物性と植物性がありますが、おすすめはミルキーさやコクがある動物性のもの。本書では乳脂肪分35％の生クリームを使っています。

卵

M〜Lサイズを使用。新鮮なものを選びます。卵白が残ったら冷凍保存（P71 CHECK! 参照）しておくと、別のお菓子を作る際に使えて便利。

水あめ

砂糖より保水性があり、生地をしっとりさせる効果があります。風味がつきますが、はちみつに置きかえも可。

ベーキングパウダー

使い慣れたもので十分ですが、アルミ不使用で安心な「アイコク」がおすすめ。缶入りなので保存しやすいのも魅力。

インスタントドライイースト

事前に発酵させる必要がなく、材料に直接混ぜて使えます。おすすめは、抜群の発酵力と安定性で使いやすい「サフ（赤）」。

バニラビーンズ、バニラエッセンス、バニラオイル

バニラビーンズを使うと本格的な香りに。代わりにバニラエッセンス、バニラオイルを使っても。焼く時はエッセンスよりオイルが◎。

インスタントコーヒー

おすすめは、アラビカ種コーヒー豆100%の「マウントハーゲン」カフェインレスタイプ。味が濃く、水にもすぐ溶けるので使いやすい。

保存について

お菓子は作ったらすぐに食べきるのが、おいしさのうえでも衛生面を考えても一番ですが、
難しい場合は以下にご紹介する方法を参考に、
できるだけ空気にふれない状態で適切に保存してください。

●特に記載のない場合は、ラップを二重にかけてチャックつきの保存袋に入れたあと、
　冷蔵庫または冷凍庫で保存します。
●冷凍庫で保存した場合は、冷蔵庫に移して解凍させたあと涼しい場所に置き、常温に
　戻してください。急激な温度変化(10℃以上)を避けましょう。また、解凍後は解凍日
　を含め、3日で食べきるようにします。
●保存期間は、適切に調理・保存した場合の目安です。季節や環境によって変わります
　ので、様子を見ながら保存しましょう。

本書のレシピを作る前に

参考となるYouTube動画のQRコード。動画撮影時からレシピが改良されている場合もあります。

材料と使用する型はこちらをチェック。型についてはP11で詳しく説明しています。

材料について、おすすめのものや代用品などをご紹介します。

お菓子の横や上から見た様子、断面の様子。

おいしく作るコツをまとめています。

レシピは全工程を画像とともにわかりやすくご紹介。POINT も記載しています。

作る際に特にやり方や状態を確認していただきたいところはCHECK!として掲載しています。

おすすめのアレンジ方法や、アレンジ材料をご紹介します。

● レシピには目安となる分量や調理時間を記載していますが、食材や調理器具によって個体差がありますので、様子を見ながら加減してください。

● オーブンの焼き時間は家庭用の電気オーブンを使用した場合の目安です。

● 道具はきれいに拭いてから使用してください。水分や油分がついていると生地が分離したり、いたんだりする原因になります。

● レシピページに掲載しているQRコードは参考動画となります。動画撮影時から改良し、レシピが変更となっている場合があります。

1章

定番の
ケーキ

みんなが大好きな定番のケーキを、

より簡単に、よりおいしく&美しく作る方法をご紹介します！

ショートケーキやチョコバナナケーキはスコップケーキに、

ロールケーキはフルーツが映える"巻かない"スタイルに、

チョコレートムースはケーキに仕立てます。

さらには、人気のバスクチーズケーキにクレープとティラミス、

そしてクラシックケーキの王様、ザッハトルテまで。

このレシピなら、誰でも必ずおいしく作れます！

ナッペ＆バターなし！
いちごのスコップケーキ

「生クリーム×いちご」のみんなが大好きなケーキを、
ナッペなしのスコップケーキのスタイルでご紹介します。
バターを一切使わないので、生地は冷やしても
やわらかいままです！

参考動画は
こちら！

SIDE

SECTION

おいしく作るコツ！

・卵は湯煎不要。 冷たい状態でしっかり泡だてる。
・グラニュー糖は一度に入れる。
・生地に薄力粉を入れたらしっかり混ぜあわせる。
・生地にバターを入れず、生クリームを使うことで、
　冷やしてもやわらかいまま。

材料	長さ21×幅13×高さ4.5cm 耐熱ガラス皿（グラタン皿）1台分

【スポンジ生地】
薄力粉…30g
生クリーム35%…10g
　※デコレーション用と
　　あわせて1パック用意。
卵(M〜L)…1個
グラニュー糖…35g

【デコレーション】
生クリーム35%…190g
グラニュー糖…15g
いちご…約2パック
粉糖…適量

材料メモ

・キウイ、グレープフルーツ、パイナップル、ブルーベリー、缶詰のももやフルーツミックスなど、好みのフルーツで作っても。

おすすめアレンジ

・デコレーション用の生クリームをP39のホワイトチョコレートクリームにすると濃厚になる。

・②-6で生地に生クリームを絞る前にいちごジャムを塗ると、より風味豊かに。

---

①スポンジ生地を作る

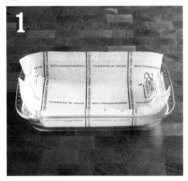

1
クッキングシートを耐熱皿の底面と側面にあわせて切り、耐熱皿に敷く。

2
作業台にクッキングシートを敷き、その上に薄力粉をふるいで1回ふるう。

POINT ここは粉類が薄力粉のみなのでふるうのは1回でOK。

> オーブンを170℃に予熱する

3
小さな耐熱ボウルに生クリームを入れ、予熱しはじめたオーブンの上に置いてあたためる。

POINT バターではなく生クリームを使うことでやわらかく仕上がる。

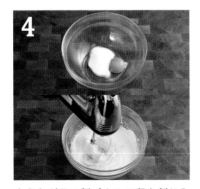

4
大きなガラス製ボウルに卵を割り入れ、グラニュー糖を加えて、ハンドミキサーの高速で白くもったりするまで4分30秒ほど泡だてる。

POINT ハンドミキサーはボウルに対して垂直に、大きな円を描くように動かす。きめが細かくなるよう湯煎はしない。

5
ハンドミキサーを中速にし、きめが整うまでさらに30秒泡だてる。

POINT 泡だてすぎても失敗することはないので、思いっきり泡だてる。

CHECK!

目のつまったきめの細かい生地になればOK。

6 2の薄力粉を加え、ゴムベラで底から
すくうようにしっかり混ぜる。

POINT 生地はしぼまないので、よく混
ぜあわせる。混ぜたほうが失敗しない。

CHECK!

しっかり混ざり、つやが出た
らOK。

7 3に6の生地を少しすくって加え、混
ぜる。6に戻し入れ、ゴムベラで底か
らすくうようにしっかり混ぜる。

POINT 先に少し混ぜておくことで生クリ
ームが沈まず混ざりやすくなる。

CHECK!

完全に混ざり、少しさらっと
してつやが出たらOK。

POINT よく混ぜても、生地のふ
わふわ感は保てるので、均一にな
るようにしっかり混ぜる。

8 1の耐熱皿に生地を入れる。ゴムベ
ラでトントンとたたくようにしなが
ら、四隅に生地を流す。作業台に4
〜5回軽くたたきつけ、表面をならす。

9 天板に耐熱皿をのせ、160℃のオー
ブンで35分焼く。

②仕上げる

10 オーブンから天板ごと耐熱皿を取り
出し、さらに耐熱皿から生地を出し
てケーキクーラーにのせ、10〜20分
置いて粗熱を取る。

POINT 生地は余熱で火が入らないよう、
すぐに耐熱皿から出す。

1 大きなガラス製ボウルにデコレーシ
ョン用の生クリームを入れ、グラニ
ュー糖を加えて軽く混ぜてなじませ、
ハンドミキサーの高速で5分ほど泡
だてる。

POINT 絞れるくらいのかたさになればOK。

2 ラップをかけ、使うまで冷蔵庫に入
れておく。

POINT 冷えたほうが扱いやすいので、少
なくとも30分は冷蔵庫に入れておく。

スポンジ生地をまな板にのせてクッキングシートをはがし、手前と奥に1cm厚さの角棒を置く。角棒にスライサーをあてながら、半分の厚さになるように切る。

ヘタのついたいちご8個を仕上げ用に取りおく。そのほかのいちごはヘタを切り落とし縦半分に切る。

絞り袋に口金をつけ、**2**の生クリームを入れる。

POINT 口金はどれでもOK。絞り袋を深いコップなどにかぶせると入れやすい。

生地を焼いた際に使った耐熱皿に、**3**のスポンジ生地1枚を、断面を上にして入れる。生地に生クリームを薄めにまんべんなく絞る。

4の半分に切ったいちごの断面を下にして、クリームに軽く押し込みながらまんべんなくのせる。

POINT 生クリームをはさむことで、生地といちごがひとつにまとまる。いちごは列をなすようにのせ、1列ごとに向きを変える。

いちごの列の間を生クリームで埋める。

残りのスポンジ生地の断面を上にしてのせ、上から押さえてなじませる。

POINT 焼き目を下にすることで、生地がクリームの水分を吸収してひとつにまとまる。まわりの生クリームが端のすきまからあがってくるくらい押す。

残りの生クリームをまんべんなく絞り、パレットナイフで表面をならす。

茶こしに粉糖を入れ、まんべんなくふりかけ、取っておいたいちごを飾る。

POINT いちごはいろいろな向きに飾るのがおすすめ。ヘタのついたいちごは、ヘタを持ちあげてクセをつけると、動きが出て、より映える。

チョコクリームたっぷり！
キャラメルバナナの
スコップケーキ

参考動画は
こちら！

チョコレートスポンジを作り、キャラメルをまとった
バナナをサンドしてクリームをたっぷり絞って。
とろっとしたバナナの甘さとキャラメルのほろ苦さが、
おいしいアクセントです！

SIDE

SECTION

おいしく作るコツ！

・キャラメルバナナに生クリームを使うことで、
　とろける食感になる。
・仕上がるクリームのかたさが変わってしまうので、
　植物油脂不使用のチョコレートを使う。

材料	長さ21×幅13×高さ4.5cm 耐熱ガラス皿(グラタン皿)1台分

【チョコレートクリーム】

A ┃ ミルクチョコレート41%…70g
　┃ 水あめ…15g
生クリーム35%…180g
　※キャラメルバナナ用とあわせて1パック用意。

【チョコレートスポンジ生地】
薄力粉…25g
ココアパウダー…5g
牛乳…25g
卵(M〜L)…1個
グラニュー糖…40g

【キャラメルバナナ】
バナナ…3本
グラニュー糖…50g
生クリーム35%…20g

【デコレーション】
ココアパウダー…適量
ミルクチョコレート41%
　…30g＋少量

材料メモ
- チョコレートはビターやホワイトでも。
- 水あめははちみつに変更してもOK。

おすすめアレンジ
- フルーツを洋梨やりんご、チェリー、いちごにかえたり、チョコチップのみでも。
- ①-1でインスタントコーヒーを3gほど加え、コーヒークリームにしても。

①チョコレートクリームを作る　➡　②キャラメルバナナを作る

1 中くらいの耐熱ボウルに**A**と生クリーム80gを入れる。ラップをかけ、チョコレートが溶けるまで600Wの電子レンジで30秒×3回加熱する。泡だて器でしっかり混ぜあわせる。

POINT 溶け残りがあれば30秒追加加熱を。

2 残りの生クリームを加え、泡だて器でよく混ぜる。ラップをかけ、冷蔵庫で2時間以上冷やす。

POINT 冷たい生クリームを加えることで、クリームを早く冷やせて時短になる。

1 バナナを乱切りにする。

POINT 加熱すると縮むので、厚さ2〜3cmのさまざまな大きさに切ると、食感にバリエーションが出る。

2 フライパンを中火にかけてあたため、グラニュー糖を底一面に広げるように入れる。弱火にし、時折フライパンを揺すりながら、泡と煙が出て茶色に色づくまで加熱し火をとめる。

POINT ゴムベラは使わず揺すって溶かす。

3 生クリームを少しずつ加え、フライパンを揺すって全体を混ぜあわせる。

POINT ぶくぶくと大きな泡が出てくる。生クリームを使うことで、食べた時にとろける食感になる。

4 バナナを加えて中火にかけ、ゴムベラでキャラメルがまんべんなくからむように混ぜながら、バナナがとろっとして角が取れるまで加熱する。

POINT 途中でキャラメルがこげるのが心配なら、火をとめてもOK。

③チョコレートスポンジ生地を作る

5 バットにバナナを広げる。フライパンに残ったキャラメルがあれば、余すことなくバナナにかけ、冷めるまで涼しいところに30分ほど置いておく。

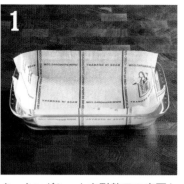

1 クッキングシートを耐熱皿の底面と側面にあわせて切り、耐熱皿に敷く。

2 作業台にクッキングシートを敷き、その上に薄力粉をふるいで1回ふるう。

POINT ここは粉類が薄力粉のみなのでふるうのは1回でOK。

3 中くらいの耐熱ボウルにココアパウダーと牛乳を入れ、泡だて器でよく混ぜる。ラップをかけ、600Wの電子レンジで30秒加熱し、泡だて器でしっかり混ぜあわせる。

POINT オーブンの上であたためてもOK。

オーブンを170℃に予熱する

4 大きなガラス製ボウルに卵白を、小さなボウルに卵黄を分けて入れる。

5 4の卵白のボウルにグラニュー糖を加えて軽く混ぜてなじませる。ハンドミキサーの高速で3分ほど泡だてたら、中速にして1分ほど泡だてる。

POINT ボウルを傾けても動かないきめの細かいメレンゲを作る。

6 4の卵黄を加え、ゴムベラで底からすくうようにしながらしっかり混ぜる。2の薄力粉を加え、ゴムベラで同様にしっかり混ぜる。

POINT 生地はしぼまないので、よく混ぜあわせる。

7 3に6の生地を少しすくって加え、混ぜる。6に戻し入れ、ゴムベラで底からすくうようにしっかり混ぜる。

POINT 先に少し混ぜておくことで3の液体が沈まず混ざりやすくなる。

CHECK!

しっかり混ざり、つやが出たらOK。

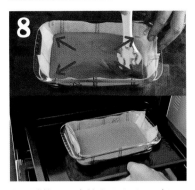

8 1の耐熱皿に生地を入れる。ゴムベラで四隅に生地を流し、作業台に4〜5回軽くたたきつけ、表面をならす。天板に耐熱皿をのせ、160℃のオーブンで35分焼く。

9 オーブンから天板ごと耐熱皿を取り出し、さらに耐熱皿から生地を出してケーキクーラーにのせ、30分ほど置いて粗熱を取る。

POINT 生地はすぐに耐熱皿から出す。

1 ①のチョコレートクリームをハンドミキサーの中速で絞れるくらいのかたさになるまで泡だてる。絞り袋に口金をつけ、クリームを入れる。

POINT 口金はどれでもOK。

2 スポンジ生地をまな板にのせてクッキングシートをはがし、手前と奥に1cm厚さの角棒を置く。角棒にスライサーをあてながら、半分の厚さになるように切る。

POINT だいたい半分の厚さになればOK。

3 生地を焼いた際に使った耐熱皿に、スポンジ生地1枚を、断面を上にして入れる。生地にチョコレートクリームを薄めにまんべんなく絞る。

4 ②のキャラメルバナナをまんべんなくのせる。チョコレートクリームを薄めに絞る。

POINT キャラメルも余すことなくのせる。

5 残りのスポンジ生地の断面を上にしてのせ、上から押さえてなじませる。残りのチョコレートクリームをまんべんなく絞り、パレットナイフでならす。

POINT まわりのクリームが端のすきまからあがってくるくらい押す。

6 茶こしにココアパウダーを入れ、まんべんなくふりかける。

7 小さな耐熱ボウルにミルクチョコレート30gを入れてラップをかけ、チョコレートが溶けるまで600Wの電子レンジで30秒×2回加熱し、スプーンで表面にふりかける。ミルクチョコレート少量を刻んで散らす。

材料3つだけ!
とろけるチョコレート ムースケーキ

＼参考動画は こちら！／

手軽なのに口溶け抜群のチョコレートムースケーキ。
ムースは、溶かしたチョコレートと生クリームを混ぜるだけ。
土台は市販のビスケットなどを活用することで簡単&サクサクに。

SIDE　　SECTION

おいしく作るコツ!

・チョコレートムース部分は、チョコレートが あたたかいうちに（30℃くらい）、生クリームと 混ぜることで口溶けよく仕上がる。

| 材料 | 直径15×高さ6cm底取れ式
丸型(ケーキ型)1台分 |

【土台】
ビターチョコレート67%…100g
ビスケットまたはクッキー(市販品)…180g

【ムース】
ビターチョコレート67%…150g
生クリーム35%…400g

ココアパウダー…適量

材料メモ

• 土台はビスケットの「チョイス」がおすすめ。

• 生クリーム、チョコレートともに植物油脂不使用のものを使う。

おすすめアレンジ

• ムースがかたまったあと、上の面に生チョコ(P58参照)を流し入れると濃厚に。

• 最後に刻んだチョコチップをふっても。

1

チャックつきの保存袋にビスケットを入れ、空気を逃がせるように少し開けて袋を閉じる。袋の上にめん棒を転がして細かく砕く。

POINT めん棒を使うことで早く細かく砕ける。

2

小さな耐熱ボウルに土台用のビターチョコレートを入れてラップをかけ、完全にチョコレートが溶けるまで600Wの電子レンジで30秒×2回加熱する。

3

1に**2**のチョコレートを加える。

POINT チョコレートでビスケットをコーティングすることで、サクサク感が保てる。

4

ビスケットとなじむまで、手でよく混ぜあわせる。

POINT 熱いのでやけどに注意。

生地を型に入れ、グラスの底面で型の底面にしっかり押してかためる。

POINT 袋にくっついている生地はスプーンでこそげ取って余すことなく入れる。

底面を作業しているうちに型の端に盛りあがってきた生地をグラスの側面と親指でしっかり押してかためる。

POINT 最初ははがれやすいが、チョコレートが冷えてくるとかたまる。

ラップをふんわりかけ、冷蔵庫で15分冷やしかためる。

POINT この状態で型ごと保存袋に入れれば、2週間ほど冷凍保存可能。

大きなガラス製ボウルに生クリーム200gを入れ、ハンドミキサーの高速で持ちあげても落ちないくらいのかたさになるまで泡だてる。

中くらいの耐熱ボウルにムース用のビターチョコレートと残りの生クリームを入れてラップをかけ、完全に溶けるまで600Wの電子レンジで1分×3回加熱する。

泡だて器でチョコレートが溶けているか確認しながら混ぜる。

POINT 溶け残りがある場合は、様子を見ながら30秒追加加熱する。

11

8に加え、泡だて器で混ぜあわせる。

12

ゴムベラで底からすくうようにしながらしっかり混ぜる。

CHECK!

つやが出てとろっとなめらかな状態になればOK。
POINT この時、チョコレートが30℃くらいになっていると、口溶けよく仕上がる。

13

7に流し入れ、ゴムベラで表面をならす。冷蔵庫で1時間冷やしかためる。

14

大きめのコップなどにのせて型をはずす。
POINT 少しはずしにくいので、安定した大きめのものにのせてゆっくり行う。

15

茶こしにココアパウダーを入れ、全体にまんべんなくふりかける。

チーズを使わない!
バスクチーズケーキ

参考動画は
こちら！

ホワイトチョコレート、ヨーグルト、
卵を混ぜることで、本格的なチーズ風味に。
ポイントはしっかり混ぜて乳化させること!

おいしく作るコツ!

・ヨーグルトと卵はしっかり混ぜて乳化させる。
・材料を混ぜる順番は必ず守る。
・クリームチーズの代わりにホワイトチョコレートと
　ヨーグルトを入れる。

SIDE　　SECTION

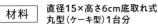

材料	直径15×高さ6cm底取れ式 丸型(ケーキ型)1台分

ホワイトチョコレート…100g
きび糖…80g
生クリーム35%…200g
薄力粉…60g
ヨーグルト(無糖)…400g
卵(M～L)…2個

材料メモ

• ギリシャヨーグルトで作ると濃厚に。

• より本格的な味にしたい場合は**2**でバニラビーンズを入れるのがおすすめ。

おすすめアレンジ

• 生クリームに5gの紅茶を加えて沸かして作ると紅茶風味に。その場合、最終的に200gになるよう、適宜、生クリームは追加する。

クッキングシートを30×30cmほどに切る。水にぬらしてかたく絞り、型に敷く。

POINT バスクチーズケーキの雰囲気を出すために、クッキングシートはあえて型からはみ出すくらいに大きく切って用意する。ぬらすことで型の隅まで紙が敷きやすくなる。

中くらいの耐熱ボウルにホワイトチョコレート、きび糖、生クリームを順に入れてラップをかけ、チョコレートが完全に溶けるまで600Wの電子レンジで1分×3回加熱する。

POINT 1回ごとにボウルをまわして軽く混ぜる。こげないように様子を見ながら加熱する。

電子レンジからボウルを取り出し、泡だて器で中心からよく混ぜる。

オーブンを230℃に予熱する

薄力粉をふるいにかけながら加える。

POINT ここは粉類が薄力粉のみなのでふるうのは1回でOK。

5

泡だて器で中心からよく混ぜる。

POINT 液体に粉を入れる時は中心から混ぜるとダマになりにくい。混ぜすぎることはないのでよく混ぜる。

生地がとろっとしてきたらOK。

6

中くらいのガラス製ボウルにヨーグルトを入れ、小さなボウルに割り入れた卵を加えて、泡だて器でなめらかになるまでよく混ぜる。

POINT ヨーグルトは水切りしなくてOK。

しっかり混ぜて乳化させる。分離しないでなめらかになればOK。

POINT 卵とヨーグルトをしっかり混ぜて乳化させることでなめらかに仕上がり、失敗しなくなる。

7

5に6を加え、泡だて器でよく混ぜる。

8

ゴムベラで混ぜ残しがないか確認しながら、さらによく混ぜる。

全体が完全に混ざったらOK。

9

1の型に生地をこしながら入れる。作業台に4～5回軽くたたきつけ、表面をならす。

POINT 裏ごしすることで生地がさらにまとまり、口溶けがよくなる。

10

型を天板にのせ、220℃のオーブンで焼き色がつくまで45～55分焼く。

11

オーブンから天板ごと型を取り出し、型をケーキクーラーにのせ、完全に冷めるまで1時間ほど置いておく。冷蔵庫で1～2時間ほど冷やす。

POINT 粗熱が取れるとふくらみがなくなって縮む。焼きたてはやわらかいが冷蔵庫でよく冷やすとかたくなる。できれば半日ほど冷やしたほうがおいしい。

12

完全に冷えたら大きめのコップなどにのせて型をはずし、クッキングシートをはがす。

冷えた状態でカットすると、きれいに切れる。

濃厚!
チョコバスクチーズケーキ

参考動画は
こちら!

「チョコレート×きび糖」で
チーズのような濃厚さに。
とろっとした食感で口溶けもなめらか。
お店のような本格的なおいしさです!

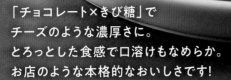

SIDE

SECTION

おいしく作るコツ!

・チョコレートは植物油脂不使用のものを使う。

・チョコレートはしっかりあたため、
　あたたかいうちに作る。

・しっかり混ぜる。

材料	直径15×高さ6cm底取れ式 丸型（ケーキ型）1台分

薄力粉…30g
ビターチョコレート67%…200g
生クリーム35%…100g
ヨーグルト（無糖）…200g
きび糖…90g
卵（M〜L）…2個

材料メモ

• ビターチョコレートを50gだけミルクチョコレートにすると、よりやわらかく仕上がる。

おすすめアレンジ

• 薄力粉を薄力粉20g＋ココアパウダー10gに変更するとコクのある味になる。

• 「デリーモ」のチョコレートを使用する場合は薄力粉なしでもOK。とろっとした食感に仕上がる。

1 クッキングシートを30×30cmほどに切る。水にぬらしてかたく絞り、型に敷く。

POINT バスクチーズケーキの雰囲気を出すために、クッキングシートはあえて型からはみ出すくらいに大きく切って用意する。ぬらすことで型の隅まで紙が敷きやすくなる。

2 作業台にクッキングシートを敷き、その上に薄力粉をふるいで1回ふるう。

POINT ここは粉類が薄力粉のみなのでふるうのは1回でOK。

3 中くらいの耐熱ボウルにビターチョコレートと生クリームを入れてラップをかけ、チョコレートが溶けるまで600Wの電子レンジで1分×2回加熱する。

4 電子レンジからボウルを取り出し、泡だて器で中心からよく混ぜる。

POINT 溶け残りがある場合は、様子を見ながら30秒追加加熱する。ここで分離しても気にしなくてOK。

オーブンを250℃に
予熱する

ヨーグルトときび糖を加え、泡だて器でよく混ぜる。
POINT ヨーグルトは水切りしなくてOK。

小さなボウルに割り入れた卵を**5**に加え、泡だて器で中心からしっかり混ぜる。

CHECK!

つやが出るまでしっかり混ぜて乳化させる。
POINT 卵とヨーグルトをしっかり混ぜて乳化させることでなめらかに仕上がり、失敗しなくなる。

2の薄力粉を加え、泡だて器で中心からよく混ぜる。
POINT 液体に粉を入れる時は中心から混ぜるとダマになりにくい。混ぜすぎることはないのでよく混ぜる。

ゴムベラで混ぜ残しがないか確認しながら、さらによく混ぜる。

CHECK!

つやが出てとろっとしたらOK。

1の型に生地をこしながら入れる。

作業台に4～5回軽くたたきつけ、表面をならす。

型を天板にのせ、240℃のオーブンで焼き色がつくまで30～45分焼く。

オーブンから天板ごと型を取り出し、型をケーキクーラーにのせ、完全に冷めるまで1時間ほど置いておく。冷蔵庫で1～2時間ほど冷やす。

POINT 粗熱が取れるとふくらみがなくなって縮む。焼きたてはやわらかいが冷蔵庫でよく冷やすとかたくなる。できれば半日ほど冷やしたほうがおいしい。

完全に冷えたら大きめのコップなどにのせて型をはずす。

クッキングシートをはがす。

巻かない!
いちごのロールケーキ

参考動画は
こちら!

ロールケーキを巻くのがどうしても苦手な方へ!
確実にいちごの断面が見える
簡単ロールケーキの作り方をお教えします。

SIDE　　SECTION

おいしく作るコツ!

・卵白だけを上白糖と一緒に泡だてることで、
　生地にもちもち感が出る。

・生クリームにホワイトチョコレートを加えることで、
　コクが出て濃厚なクリームになる。

材料	長さ27×幅27×高さ1.7cm角型 (ロールケーキ型)1枚分(8個分)

【ロールケーキ生地】
薄力粉…50g
卵(M～L)…4個
上白糖…70g
牛乳…30g

【ホワイトチョコレートクリーム】
A ┌ ホワイトチョコレート…90g
　└ 水あめ…10g
生クリーム35%…200g

いちご…4個

材料メモ
・上白糖を使うことで生地がしっとりする。
　三温糖でも代用可能。

おすすめアレンジ
・フルーツを入れずにクリームだけで作っ
　てもおいしく、その場合は冷凍保存できる
　(P14参照)。
・スポンジ生地の内側に市販のいちごジャム
　や塩キャラメルソースを塗ってもおいしい。

① ロールケーキ生地を作る

1
クッキングシートを型の底面と側面にあわせて切り、型に敷く。10cm四方に切ったクッキングシートと幅4.5×長さ30cmのムースフィルムをそれぞれ8枚用意する。

POINT ムースフィルムはA4用紙とセロハンテープで代用可。

2
作業台にクッキングシートを敷き、その上に薄力粉をふるいで1回ふるう。

POINT ここは粉類が薄力粉のみなのでふるうのは1回でOK。

3
大きなガラス製ボウルに卵白を、中くらいのガラス製ボウルに卵黄を分けて入れる。

POINT 別だてにすることで卵白がしっかり泡だち、もっちりした生地になる。

4
卵白の入ったボウルに上白糖50gを加えて軽く混ぜてなじませる。ハンドミキサーの高速で2分、中速で1～2分ほど泡だて、ボウルを傾けても動かないきめの細かいメレンゲを作る。

5
中くらいの耐熱ボウルに牛乳を入れてラップをかけ、完全に沸くまで600Wの電子レンジで30秒～1分加熱する。

> オーブンを190℃に予熱する

6
3の卵黄の入ったボウルに残りの上白糖を加え、泡だて器で中心からしっかり混ぜあわせる。

POINT 上白糖が見えなくなればOK。

7 **6**に**4**のメレンゲをゴムベラで少しすくって加え、泡だて器で混ぜてなじませる。

8 さらに**5**の牛乳を加え、泡だて器でしっかり混ぜてなじませる。

9 **4**に戻し入れ、ゴムベラで底からすくうようにしながら、均一になるまでしっかり混ぜる。

POINT 生地はしぼまないので、よく混ぜあわせる。完全に混ざったらOK。

10 **2**の薄力粉を加え、ゴムベラで底からすくうようにしながら、しっかり混ぜあわせる。

CHECK!

しっかり混ざり、つやが出たらOK。

11 **1**の型に生地を入れる。カードでトントンとたたくようにしながら、四隅に生地を流す。

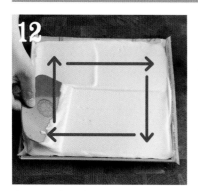

12 カードで表面を平らにならし、作業台に4〜5回軽くたたきつける。

POINT 型を90度ずつ回転させながら、カードを同じ方向にまっすぐ動かすときれいに平らになる。

13 天板を裏返して型をのせ、180℃のオーブンで20分焼く。

POINT 天板を裏返すことで下からも熱が入り、ふわふわに仕上がる。

14 オーブンから天板ごと型を取り出し、型を作業台に2〜3回軽くたたきつける。生地を型から出してケーキクーラーにのせ、粗熱を取る。

POINT 余熱で火が入らないよう、すぐ型から出す。衝撃を与えて余分な熱を飛ばす。

②ホワイトチョコレートクリームを作る ➡ ③仕上げる

1 中くらいの耐熱ボウルに**A**と生クリーム約半量を入れる。ラップをかけ、チョコレートが溶けるまで600Wの電子レンジで30秒×2回加熱する。泡だて器でしっかり混ぜる。

2 残りの生クリームを加え、泡だて器でよく混ぜあわせる。ラップをかけ、冷蔵庫で2時間ほど冷やす。

POINT 冷たい生クリームを加えることで、クリームを早く冷やせて時短になる。

1 ロールケーキ生地をまな板にのせ、両端を少し切り落としたあと、定規を使いながら3cm幅の帯状に8本切る。クッキングシートをはがす。

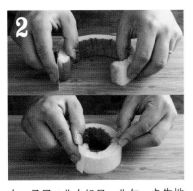

2 ムースフィルムにロールケーキ生地の焼き目を内側にして重ね、生地を丸めて端をあわせて、ムースフィルムのテープをはがしてとめる。残りも同様に成形する。

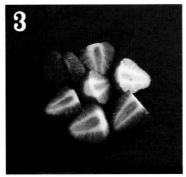

3 いちごのヘタを切り落とし、縦半分に切る。

4 まな板に①-**1**で正方形に切ったクッキングシートを並べ、**2**の生地をのせ、中央にいちごを、断面を下にして置く。

5 冷蔵庫から②のクリームを取り出し、ハンドミキサーの高速で絞れるくらいのかたさに泡だて、口金をつけた絞り袋に入れる。

POINT 口金はどれでもOK。

6 いちごのまわりから絞りはじめ、中央がクリームで埋まるようにたっぷり絞る。全体がなじむように、冷蔵庫で1時間ほど冷やしかためる。

POINT 冷やすことでクリームの水分が生地に移動し、ひとつにまとまる。

7 ムースフィルムを取り、クッキングシートを上にして器にのせ、クッキングシートをはがす。

巻かない!
みかんのチョコロールケーキ

参考動画はこちら!

もちもち&しっとりの
チョコレート生地のロールケーキ。
みかん以外にもさまざまなフルーツとあうので、
ぜひお好みのもので作ってみてください!

おいしく作るコツ!

・クリームを冷やしたあとにしっかり泡だてることで、
　生地とみかんによくなじむ。

・みかんの白い筋を取ることで口当たりがよくなる。

・断面がきれいになるよう、みかんは水平に切る。

SIDE

SECTION

| 材料 | 長さ27×幅27×高さ1.7cm角型
(ロールケーキ型)1枚分(8個分) |

**【チョコレート
ロールケーキ生地】**
薄力粉…35g
ココアパウダー…15g
卵(M〜L)…4個
上白糖 70g
牛乳…30g

水…適量
ベーキングパウダー…大さじ1
みかん(小)…4個

【ホワイトチョコレートクリーム】
A | ホワイトチョコレート…90g
　 水あめ…10g
生クリーム35%…200g

1

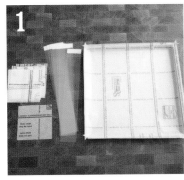

クッキングシートを型の底面と側面
にあわせて切り、型に敷く。10cm四
方に切ったクッキングシートと幅4.5
×長さ30cmのムースフィルムをそれ
ぞれ8枚用意する。

POINT ムースフィルムはA4用紙とセロハ
ンテープで代用可。

2

作業台にクッキングシートを敷き、ふ
るいに薄力粉、ココアパウダーの順に
入れてふるう。粉が均一に混ざるよ
うに、もう2回ふるう。いちごのロー
ルケーキの①-**3〜14**(P39〜40参
照)と同様に生地を作る。

3

いちごのロールケーキの②-**1〜2**
(P41参照)と同様にクリームを作る。

4

鍋にたっぷりの水とベーキングパウ
ダーを入れて中火にかけ、沸騰させ
る。皮をむいたみかんをスプーンに
のせて入れ、30秒ほど加熱する。

POINT 白い筋がきれいに取れるととも
に、表面が加熱されジューシーさが増す。

5

みかんを取り出し、氷水(材料外)
を張ったボウルに入れて冷まし、白
い筋を取る。クッキングペーパーを
敷いたバットにのせ、水気を切る。

POINT 白い筋をきれいに取ることで口
あたりがよくなる。

6

みかんを横半分に切る。いちごのロ
ールケーキの③-**1〜7**(P41参照)
と同様に作る。

生地がおいしい!
もちもちクレープ

シンプルな材料で作る絶品クレープ!
バターとメープルシロップ、グラニュー糖だけなど、
お好みのトッピングで召しあがってください。

参考動画は
こちら!

TOP

SIDE

おいしく作るコツ!

・強力粉を使ってもちもちの生地にする。

・バターを多めにフライパンに塗ると、
　焼き目がきれいな模様になる。

材料	直径23cm9枚分

卵(L～LL)…4個　　牛乳…300g
グラニュー糖…20g　　無塩バター…20g＋適量(焼成用)
強力粉…120g

材料メモ

- グラニュー糖はきび糖、ブラウンシュガー、メープルシュガーでも代用可能。
- 牛乳は豆乳でもOK。

自分好みの生地を作るには

- よりもちもちにしたい場合は、**7**のあとに冷蔵庫で1時間ほど寝かせる。
- 薄力粉で作る場合は、もちもち感が減るので**3**のあとに冷蔵庫で一晩寝かせるのがおすすめ。
- 薄めに焼きたい場合は、牛乳を水にかえ、生地を寝かせずにすぐに焼く。

おすすめアレンジ

- バターの代わりに発酵バターやオリーブオイルなどを使用しても。液体の油を使うとやわらかい生地になる。

大きなガラス製ボウルに卵を割り入れ、泡だて器でほぐす。
POINT 焼いた時に焼き色を濃くつけたい場合は、1個だけ卵黄のみ割り入れる。余った卵白は冷凍保存可(P71**CHECK!**参照)。

グラニュー糖を加え、泡だて器で中心から混ぜあわせる。

強力粉をふるいにかけながら加え、泡だて器で中心からしっかり混ぜる。
POINT 強力粉は必ずふるいながら加え、しっかり練るように混ぜる。

····· CHECK! ·····

とろっとしてきたらOK。
POINT 薄力粉を使う場合は弾力のない生地になるので、ラップをかけ、冷蔵庫で一晩寝かせる。このレシピでは強力粉を使っているため、寝かせなくてももちもちになる。

45

牛乳を加え、泡だて器で混ぜあわせる。

小さな耐熱ボウルにバター20gを入れてラップをかけ、600Wの電子レンジで30秒加熱して溶かす。

POINT バターを入れるとしっとり仕上がる。

4に**5**のバターを加え、泡だて器で混ぜあわせる。さらにゴムベラで混ぜ残しがないか確認しながら混ぜる。

別の大きなガラス製ボウルにこしながら入れる。

POINT 裏ごしすることで生地がよりなめらかになる。

CHECK!

よりもちもちの生地にしたい場合はラップをかけ、冷蔵庫で1時間ほど寝かせる。

フライパンを中火にかけ、バター適量を中央から端に向かってぐるっと一周薄く塗る。

POINT バターを使うことで、香ばしくなるとともに、バターの塗り跡が焼いた時の模様になる。好みでサラダ油やオリーブオイルを使ってもOK。

フライパンがあたたまったら、一旦ぬれ布きんの上に置いて温度をさげる。

フライパンを再び中火にかける。生地をよく混ぜ、フライパンの底一面に薄く広がる程度に入れ、フライパンをまわして全体に行き渡らせる。

POINT フライパンの大きさによって1枚の生地の量は異なる。また、多めに入れるとよりもちもちになり、少なめに入れるともちもちしながらもカリッと焼きあがる。

表面が黄色くなり、マダラ模様のようにボコボコしてきたら、竹串で生地の端をすくいあげ、手で持ってひっくり返して5秒ほど焼く。

生地を平らな皿に取り出す。

8〜12を繰り返し、同様に残りの生地を焼く。

焼きおわった生地は、平らな皿に重ねていく。

POINT 重ねておくと、しっとりとした状態を保てる。

コーヒー好きのための
スコップティラミス

参考動画は
こちら！

コーヒー好き必見!!
まるでコーヒーを食べているかのような濃厚ティラミス。
上手に作るコツは、コクのあるコーヒーを選んで
作ったシロップをたっぷり染み込ませること。
何度も作りたくなるおいしさです。

SIDE　　　SECTION

おいしく作るコツ！

・酸味よりコクのあるコーヒーを選ぶ。

・生地にシロップをたっぷり吸わせる。

・クリームに卵黄を入れるとコクが出る。

材料	長さ21×幅13×高さ4.5cm 耐熱ガラス皿（グラタン皿）1台分

【チョコレートスポンジ生地】
薄力粉…25g
ココアパウダー…5g
牛乳…25g
卵(M～L)…1個
グラニュー糖…40g

【コーヒーシロップ】
インスタントコーヒー
　…15g
グラニュー糖…20g
湯…200g

【コーヒークリーム】
薄力粉…3g
卵黄…2個分
グラニュー糖…40g
牛乳…50g
マスカルポーネチーズ…100g
生クリーム35％…200g

ココアパウダー…適量

材料メモ

• コーヒーは「マウントハーゲン」、ココア
パウダーは「ヴァローナ」がおすすめ。

おすすめアレンジ

• バナナやキャラメルナッツ、スコップケー
キのキャラメルバナナ（P23参照）を
サンドしてもおいしい。

① チョコレートスポンジ生地を作る

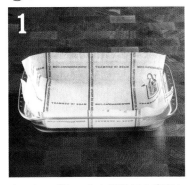

1
クッキングシートを耐熱皿の底面と
側面にあわせて切り、耐熱皿に敷く。

2
作業台にクッキングシートを敷き、そ
の上に薄力粉をふるいで1回ふるう。

POINT ここは粉類が薄力粉のみなので
ふるうのは1回でOK。スポンジ生地用と
クリーム用をまとめてふるい、あとから
分ける。

3
中くらいの耐熱ボウルにココアパウ
ダーと牛乳を入れ、泡だて器でよく
混ぜる。ラップをかけ、600Wの電子
レンジで30秒加熱し、泡だて器でし
っかり混ぜあわせる。

POINT オーブンの上であたためてもOK。

> オーブンを170℃に
> 予熱する

4
大きなガラス製ボウルに卵白を、小
さなボウルに卵黄を分けて入れる。

5
4の卵白のボウルにグラニュー糖を
加えて軽く混ぜてなじませる。ハン
ドミキサーの高速で2分、中速で1分
ほど泡だて、ボウルを傾けても動か
ないきめの細かいメレンゲを作る。

6
4の卵黄を加え、ゴムベラで底から
すくうようにしながらしっかり混ぜ
る。**2**の薄力粉25gを加え、ゴムベラ
で同様にしっかり混ぜる。

POINT 生地はしぼまないので、よく混
ぜあわせる。

7

3に6の生地をゴムベラで少しすくって加え、しっかり混ぜる。6に戻し入れ、ゴムベラで底からすくうようにしながらしっかり混ぜる。

CHECK!

しっかり混ざり、つやが出たらOK。

8

1の耐熱皿に生地を入れ、作業台に軽くたたきつける。天板にのせ、160℃のオーブンで35分焼く。オーブンから取り出し、耐熱皿から出してケーキクーラーにのせ、粗熱を取る。

②コーヒーシロップを作る

1

大きな耐熱ボウルにすべての材料を入れ、混ぜあわせる。

③コーヒークリームを作る

1

大きなガラス製ボウルに卵黄を、小さなボウルに卵白を分けて入れる。卵黄の入ったボウルにグラニュー糖を加え、泡だて器で混ぜあわせる。

POINT 卵白はP71CHECK!を参考に冷凍保存する。

2

①-2でふるった薄力粉3gを加え、泡だて器でなじむまで混ぜる。牛乳を加え、泡だて器で混ぜてなじませる。

POINT 牛乳は冷たいままでOK。

3

ラップをかけ、600Wの電子レンジで30秒×4回加熱する。その都度、泡だて器で全体が同じかたさになるよう、中心からしっかり混ぜる。

POINT 中心から熱が入ってかたくなるため、中心から混ぜるとなめらかになる。

4

ハンドミキサーの高速で、とろっとしてくるまで2～3分泡だてる。

5

マスカルポーネチーズを加え、ハンドミキサーの低速で混ぜる。

POINT 全体がしっかり混ざったらOK。

6

②のコーヒーシロップを10g加えて
ハンドミキサーの低速で混ぜる。

POINT クリームにもシロップを少し加
えることで一体感が出る。

7

ゴムベラで混ぜ残しがないか確認し
ながら混ぜる。ラップをかけ、使う
まで冷蔵庫に入れておく。

POINT 全体がしっかり混ざったらOK。

8

大きなガラス製ボウルに生クリーム
を入れ、ハンドミキサーの高速でか
ために泡だてる。

POINT **9**でカスタードと混ぜる時、ゆる
いと分離することがあるため、かために。

9

7を加え、ゴムベラで底からすくう
ようにしてよく混ぜる。ラップをか
け、使うまで冷蔵庫に入れておく。

④仕上げる

1

①のスポンジ生地をまな板にのせて
クッキングシートをはがし、手前と
奥に1cm厚さの角棒を置く。角棒に
スライサーをあてながら、半分の厚
さになるように切る。

POINT だいたい半分の厚さになればOK。

2

生地を焼いた際に使った耐熱皿に、
スポンジ生地1枚を、断面を上にして
入れる。ハケで②のコーヒーシロッ
プを半量程度、生地に染み込ませる。

POINT シロップは押したら染み出すくら
いたっぷり染み込ませる。

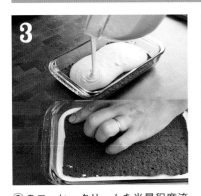

3

③のコーヒークリームを半量程度流
し入れ、ゴムベラで広げてならす。
残りのスポンジ生地を断面を上にし
てのせ、上から押さえてなじませる。

POINT まわりのクリームが端のすきまか
らあがってくるくらい押す。

4

ハケで残りのコーヒーシロップを染
み込ませる。残りのコーヒークリー
ムを流し入れ、ゴムベラでまんべん
なく広げてならし、冷蔵庫で2時間ほ
ど冷やしかためる。

5

茶こしにココアパウダーを入れ、端
から中央へ向かってぐるりとまんべ
んなくふりかける。

51

家で作れる本格ケーキ!
ザッハトルテ

参考動画は
こちら!

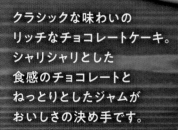

クラシックな味わいの
リッチなチョコレートケーキ。
シャリシャリとした
食感のチョコレートと
ねっとりとしたジャムが
おいしさの決め手です。

SIDE

SECTION

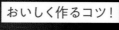

おいしく作るコツ!

・チョコレートコーティング液はザッハトルテらしく
　シャリシャリとした結晶を引き出す。

・仕上げのチョコレートコーティングは、ジャムコーティ
　ング液のジャムをしっかり煮つめてかけ、十分に
　乾かしてからかけるのがポイント。

| 材料 | 直径15×高さ6cm底取れ式
丸型（ケーキ型）1台分 |

【ザッハトルテ生地】
薄力粉…60g
卵(M〜L)…3個
ビターチョコレート67%
　…65g
無塩バター…60g
グラニュー糖…100g
アプリコットジャム
（市販品）…50g

下準備
バターは常温に戻す。

【ジャムコーティング液（作りやすい分量）】
A
　アプリコットジャム
　（市販品）…250g
　グラニュー糖…50g
　水…50g

【チョコレートコーティング液（作りやすい分量）】
水…70g
グラニュー糖…150g
ビターチョコレート67%…130g

材料メモ

• ジャムはラズベリージャムに変更するのもおすすめ。

• 生地のグラニュー糖を上白糖にかえると、よりしっとりとした生地になる。

おすすめアレンジ

• 無糖のホイップクリームやアイスクリームを添えてもおいしい。

---

① ザッハトルテ生地を作る

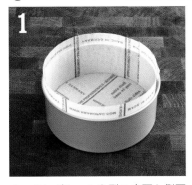

1
クッキングシートを型の底面と側面（側面の高さはプラス1cm余裕をもたせる）にあわせて切り、型に敷く。

2
作業台にクッキングシートを敷き、その上に薄力粉をふるいで1回ふるう。

POINT ここは粉類が薄力粉のみなのでふるうのは1回でOK。

3
大きなガラス製ボウルに卵白を、小さなボウルに卵黄を分けて入れる。

4
中くらいの耐熱ボウルにビターチョコレートを入れてラップをかけ、完全にチョコレートが溶けるまで600Wの電子レンジで30秒×3回加熱する。ゴムベラでチョコレートが溶けているか確認しながら混ぜる。

オーブンを180℃に予熱する

5
3の卵黄を加え、ゴムベラで混ぜあわせる。

CHECK!

チョコレートと卵黄が分離せず、乳化してとろっとなめらかになったらOK。

53

6 大きなガラス製ボウルに常温に戻したバターを入れ、泡だて器でほぐす。

7 5を加え、泡だて器でしっかり混ぜあわせる。

8 3の卵白のボウルにグラニュー糖を加えて軽く混ぜてなじませる。ハンドミキサーの高速で3分、中速で1分ほど泡だて、ボウルを傾けても動かないきめの細かいメレンゲを作る。

9 7に8のメレンゲをゴムベラで少しすくって加え、泡だて器で混ぜてなじませる。

10 残りのメレンゲを加え、泡だて器で軽くなじませる。

11 ゴムベラで底からすくうようにしながら、しっかり混ぜる。

12 2の薄力粉を加え、ゴムベラで底からすくうようにしながら、さらにしっかり混ぜる。

POINT 混ぜすぎることはないのでよく混ぜる。

CHECK!

粉っぽさがなくなり、つやが出て、やわらかいけれど弾力がある状態になればOK。

13 1の型に生地を入れる。作業台に4〜5回軽くたたきつけ、表面をならす。

14 天板に型をのせ、170℃のオーブンで45分焼く。

15 オーブンから取り出して型をはずし、生地をケーキクーラーにのせ、30分ほど置いて粗熱を取る。

POINT 上面が乾いて割れていても、あとで取り除くので気にしなくてOK。

16 クッキングシートをはがし、生地をまな板に置く。上面をナイフでスライスして取り除き、半分の厚さに切る。

②ジャムコーティング液を作って生地にかける

17 下半分の断面にスプーンでアプリコットジャムをまんべんなく塗り、上半分をのせ、上から押さえてなじませる。

POINT ジャムがはみ出るくらいしっかり押さえる。

18 乾燥しないようにふわっとラップをかけ、使うまで置いておく。

1 鍋に**A**を入れて強火にかける。ゴムベラで混ぜながら沸かし、出てきた大きな泡が小さくなり、プツプツと音がして鍋にジャムがはりつくほどの粘度になるまで7分ほど煮つめる。

CHECK!

泡だちがなく色が濃くなり、平らな面に流して、あまり流れない状態になればOK。

POINT 煮つめすぎたら、水（分量外、適量）を加え、再び沸かして調整する。

2 バットに口の大きなコップを置く。その上に、型の底面にのせた①のザッハトルテ生地を置き、ジャムコーティング液をたっぷりかける。

POINT ジャムコーティング液は熱々の状態でかける。

3 パレットナイフで上面と側面にまんべんなくジャムコーティング液を行き渡らせ、余分な液をはらう。型の底をはずし、ケーキクーラーにのせ、完全に乾くまで2時間ほど置く。

POINT 余った液は紅茶に入れると◎。

③チョコレートコーティング液を作る

別の鍋に水、グラニュー糖を順に入れて中火にかけ、鍋を揺すりながら、完全にグラニュー糖が溶けて沸くまで1～2分加熱する。

ビターチョコレートを加え、ゴムベラで混ぜ溶かしながら、沸くまで30秒～1分ほど加熱して火をとめる。

CHECK!

完全に沸騰したらOK。

2を裏返したバットにゴムベラで少したらす。パレットナイフで冷めてからかたまるまで左右に動かしながら練る。

CHECK!

マットな見た目になり、グラニュー糖が結晶化してシャリシャリとした質感になったらOK。

パレットナイフで**3**をこそげ取り、**2**の鍋に戻し入れ、ゴムベラでしっかり混ぜる。

CHECK!

鍋の中のグラニュー糖が**3**に反応し、細かい結晶ができる。全体的につやがなくなり、少しマットな見た目になる。

④仕上げる

バットにケーキクーラーごと生地を置き、**③**のチョコレートコーティング液を一気にかける。作業台に4～5回軽くたたきつけ、余分な液を落とす。

POINT 一気にかけることで、きれいにコーティングできる。

パレットナイフで上面をならしながら、側面までまんべんなくチョコレートコーティング液を行き渡らせる。たれる液をぬぐい、30分ほど置いて乾かす。

2章

チョコレート・焼き菓子・グラススイーツ

口溶けがポイントの生チョコとガトーショコラ、

カスタードクリームが決め手のエクレアにクレームブリュレ、

しっとり加減が肝心な米粉のパウンドケーキ。

失敗した経験のある方も多いお菓子を、材料が少なめで、

とんでもないテクニック満載の時短レシピでご紹介します!

難しいことはありません。

レシピ通りによく混ぜて作るだけで、

あっという間においしいお菓子ができあがります。

分離させてOK!
材料3つの生チョコ

参考動画は
こちら!

このレシピでは分離は失敗ではありません。
より香り高く口溶けよく作るプロのテクニックです!
いつもと違う格段においしい生チョコを、ぜひお試しください。

TOP　SIDE

おいしく作るコツ!

- チョコレートと生クリームは、植物油脂の入って
  いないものを使う。
- チョコレート生地は一度分離させてから、
  乳化させる。

材料	長さ18×幅18×高さ5cm底取れ式 角型1台分（3cm角36カット分）

ビターチョコレート67%…230g
生クリーム35%…200g
無塩バター…20g
ココアパウダー…50g

材料メモ

• チョコレートはカカオ55〜75%がおすすめ。含有量が少ないとやわらかめ、多いとかために仕上がる。

おすすめアレンジ

• **5**で20gほどのリキュールを加えても。コニャック、グランマルニエ、コアントローなどがおすすめ。

1 クッキングシートを型の底面と側面にあわせて2枚切り、クロスさせて型に敷く。

2 中くらいの耐熱ボウルにビターチョコレートを入れてラップをかけ、完全に溶けるまで600Wの電子レンジで30秒×5回加熱する。泡だて器でしっかり混ぜる。

CHECK!

30秒ごとに電子レンジから取り出してボウルをまわし、溶けているか確認する。

3 耐熱計量カップに生クリームとバターを入れてラップを二重にかけ、完全に沸くまで600Wの電子レンジで1分×2回加熱する。

POINT バターを入れることで、風味と口溶けのよさが増す。沸かすと生クリームとよく混ざる。

4 に **3** を5回に分けて少しずつ加え、その都度泡だて器でしっかり混ぜる。上の写真は1回目。

CHECK!

2回目。水分が足りないので分離した状態になるが、これがおいしさの鍵。一度分離させてから乳化させると、香りと口溶けが格段とよくなる。混ぜすぎることはないので、しっかり混ぜる。

CHECK!

3回目。チョコレートの香りが強くなり、つやが出はじめる。

CHECK!

5回目。つやがあって混ぜ跡ができるようになる。

POINT 生クリームを使いきったのに分離が収まらない場合は、液体が足りない証拠。あたためた牛乳（材料外、適量）を足して混ぜる。

ゴムベラで混ぜ残しがないか確認しながら、さらによく混ぜる。

POINT 何度か作って慣れてきたら、**4** からゴムベラで混ぜるのがおすすめ。混ぜている最中に空気が入らないので、生地に気泡ができず、よりなめらかに仕上がる。

CHECK!

完全に乳化し、つやが出てなめらかな状態になればOK。

6 **1**の型に生地を入れる。ゴムベラでトントンとたたくようにしながら四隅に流す。

7 作業台に4〜5回軽くたたきつけ、表面をならす。表面が乾かないようにラップを密着させてかけ、完全にかたまるまで冷蔵庫で1時間以上冷やす。

POINT 完全にかたまると、さわっても手にチョコレートがくっつかない。

8 冷蔵庫から取り出して型をはずし、生チョコをまな板に置く。一番下に敷いているクッキングペーパーを抜き取る。茶こしにココアパウダーを入れ、まんべんなくふりかける。

9 抜き取ったクッキングペーパーをかけて、生チョコを裏返す。上のクッキングペーパーをはがし、茶こしでココアパウダーをまんべんなくふりかける。

10 定規とナイフを使い、3cm角のサイズになるように印をつける。

11 ナイフを直火であたため、生チョコを切る。切るたびに、ナイフをかたく絞った布きんでふき、直火であたためる。

POINT ナイフは手でさわれるくらいにあたためる。ナイフを湯煎する方法もあるが、湯がつく可能性があるので避ける。

あたためてもおいしい!
とろける2層の
ガトーショコラ

参考動画は
こちら!

ガトーショコラの上にガナッシュをかけました。
食べる前にあたためれば、ガナッシュがとろ〜り!
マフィンカップで作るので、プレゼントにも。

SIDE

SECTION

おいしく作るコツ!

・①-4で分離しても、 そのあとに加熱したての
チョコレートを加えることでなめらかになればOK。

・生地に卵を多めに加えることで、メレンゲなしで
おいしく作れる。

材料	直径5.5×高さ5cm マフィンカップ10個分

【ガトーショコラ生地】
無塩バター…150g
グラニュー糖…120g
卵(M〜L)…4個
ビターチョコレート67%
　　…150g
薄力粉…70g

【ガナッシュクリーム】
ビターチョコレート67%
　　…150g
牛乳…100g

下準備

バターは常温に戻す。

材料メモ

・グラニュー糖を上白糖にかえるとよりしっとりする。

おすすめアレンジ

・③-**1**でガナッシュをかける前に冷凍ラズベリーを入れても。

・③-**1**でガナッシュをかける前にマシュマロやキャラメルを入れ、レンジであたためて食べるととろけておいしい。

①ガトーショコラ生地を作る

1
中くらいのガラス製ボウルにバターを入れ、ゴムベラでほぐす。
POINT バターは冷たいと混ざらないので必ず常温に戻しておく。

2
グラニュー糖を加え、力が入りやすいようにゴムベラを短く持ってひとまとまりになるまで混ぜる。
POINT バターの水分をグラニュー糖に吸わせるイメージで混ぜる。砂糖を加えると、生地がしっとりする。

3
小さなボウルに卵2個を割り入れ、**2**に加えて泡だて器でしっかり混ぜる。

4
さらに卵2個を加えて混ぜる。
POINT 全卵を多く入れてふっくら焼けるレシピにしているため、メレンゲは不要。

CHECK!
このあとにチョコレートを加えるとなめらかになるので、ここでは卵とバターが分離している状態でOK。

5
別の中くらいの耐熱ボウルにビターチョコレートを入れてラップをかけ、チョコレートが溶けるまで600Wの電子レンジで30秒×4〜5回加熱する。泡だて器でしっかり混ぜる。

オーブンを180℃に予熱する

6 5を4に加え、泡だて器でなめらかになるまでしっかり混ぜる。

POINT 5のチョコレートは溶かしてすぐ入れる。

7 ゴムベラで縁についた生地を落とし、混ぜ残しがないか確認しながら混ぜる。

8 再び泡だて器でしっかり混ぜる。

POINT 混ぜすぎることはないのでしっかり混ぜる。

CHECK!

つやが出てなめらかになればOK。

9 薄力粉をふるいながら加え、泡だて器で中心からしっかり混ぜる。

POINT 粉を入れないとフォンダン・ショコラになる。

CHECK!

つやが出てなめらかなクリーム状になればOK。

10 スプーンで生地をカップに均等に入れる。カップを作業台に4〜5回軽くたたきつけ、表面をならす。

POINT 1個65gほどが目安。絞り袋を使うと時短になる。

11 天板にカップをのせ、170℃のオーブンで30分焼く。

12 オーブンから天板ごとカップを取り出し、カップをケーキクーラーにのせ、完全に冷めるまで1時間ほど置いておく。

②ガナッシュクリームを作る

CHECK!

つやが出てなめらかな状態に
なればOK。

中くらいの耐熱ボウルにビターチョ
コレートと牛乳を入れてラップをか
け、チョコレートが溶けるまで600W
の電子レンジで1分×2回加熱する。

電子レンジからボウルを取り出し、
泡だて器で中心からよく混ぜる。
POINT まだ溶けていなかったら、様子を
見ながら追加加熱する。

③仕上げる

①のガトーショコラ生地の表面に、
②のガナッシュクリームをスプーン
で均等にまんべんなくかける。
POINT クリームがかたくなっていたら、
作業しやすいように600Wの電子レンジ
で再度10秒ほど加熱して溶かす。

カップを作業台に2～3回軽くたた
きつけ、表面をならす。

冷蔵庫で30分冷やしかためる。

おすすめの食べ方

冷えた状態だと、ひんやりとした
ガナッシュクリームの口溶けとふ
わふわの生地の食感が楽しめます。

600Wの電子レンジで30秒加熱して
あたためると、ガナッシュクリーム
が溶けて違うおいしさになります。

手抜きでプロ級!
レンジで時短エクレア

参考動画は
こちら!

エクレア生地もカスタードクリームも
電子レンジで作れば、簡単なのに時短＆失敗なし!
余ったチョコレートで
チョコレートラテも作れます。

SIDE

SECTION

おいしく作るコツ!

・エクレア生地はあたたかいうちに絞って焼く。

・カスタードクリームはレシピ通りに加熱し、
　その都度よく混ぜる。

材料	約10個分

【エクレア生地】
薄力粉…60g
無塩バター…50g
水…80g
卵(M〜L)…2個

【カスタードクリーム】
卵黄…2個分
グラニュー糖…50g
薄力粉…15g
牛乳…150g
生クリーム35%…80g

【チョコレートコーティング液（作りやすい分量）】
ビターチョコレート67%…100g
生クリーム35%…120g

下準備

エクレア生地用の卵は常温に戻す。

材料メモ

• エクレア生地の水を牛乳に変更すると、生地が色づき、香ばしい風味に。

• カスタードクリームの牛乳の一部を生クリームにすると濃厚になる。

おすすめアレンジ

• 余ったコーティング液はホットミルクに入れて、チョコラテにするのがおすすめ。

---

①エクレア生地を作る

1
作業台にクッキングシートを敷き、その上にエクレア生地用の薄力粉をふるいで1回ふるう。

POINT ここは粉類が薄力粉のみなのでふるうのは1回でOK。

2
大きな耐熱ボウルにバターと水を入れてラップをかけ、完全に沸騰するまで600Wの電子レンジで2分加熱する。ゴムベラで軽く混ぜる。

3
1の薄力粉を加え、力が入りやすいようにゴムベラを短く持ってしっかり混ぜる。

POINT バターの水分を粉に吸わせるイメージで混ぜる。あたたかいまま作業したいので手早く行う。

CHECK!

マッシュポテトのような質感になったらOK。

4
ラップをかけ、600Wの電子レンジで30秒加熱してゴムベラで混ぜ、再び30秒加熱してよく混ぜる。

POINT なめらかさがなくなり、もっさりした感じになる。

> オーブンを200°Cに予熱する

5
卵を小さなガラス製ボウルに割り入れて溶きほぐし、3回に分けて加え、その都度ゴムベラで手早く混ぜる。

POINT ボウルにこすりつけるように混ぜるとやりやすい。

CHECK!

生地をゴムベラで持ちあげると、逆三角形の形で落ちるくらいのかたさが目安。

POINT かたい場合は溶き卵（分量外、少々）を加える。

天板を裏返してクッキングシートを敷き、星型（No.12）の口金をつけた絞り袋に生地を入れ、約10cmの長さに斜めに絞る。

霧吹きで生地の表面にまんべんなく水を吹きかける。190℃のオーブンで35分焼く。

POINT 焼く前に水を吹きかけておくと、きれいにふくらむ。

②カスタードクリームを作る

大きなガラス製ボウルに卵黄を、小さなボウルに卵白を分けて入れる。

POINT 卵白は使わないので、P71 CHECK! を参考に冷凍保存しておく。

卵黄の入ったボウルにグラニュー糖を加え、泡だて器で中心からしっかり混ぜあわせる。

POINT しっかり混ぜればOK。

クリーム用の薄力粉をふるいにかけながら加え、泡だて器で中心からよく混ぜる。

POINT 粉がなじめばOK。

牛乳を加え、泡だて器でなじむまでよく混ぜる。

POINT 牛乳は冷たいまま入れる。

ラップをかけ、600Wの電子レンジで30秒×7回加熱する。その都度、泡だて器で全体が同じかたさになるよう中心からしっかり混ぜる。

POINT 中心から熱が入ってかたくなるため、中心からよく混ぜる。

CHECK!

5回目の加熱。ややかためでとろみがある状態。

POINT 毎回しっかり混ぜると、なめらかなカスタードクリームに仕上がる。

7回目の加熱。とろみがなくなり、さらっとした状態になったらOK。

6

ラップを敷いたバットに流し入れる。ラップを表面に密着させてかけ、手で押して広げる。冷凍庫で30分、続けて冷蔵庫で30分冷やす。

POINT 凍ると食感が悪くなるので注意。

7

別の大きなガラス製ボウルに生クリームを入れ、ハンドミキサーの高速でかために泡だてる。

POINT **9**でカスタードと混ぜる時、ゆるいと分離することがあるため、かために。

8

別の大きなガラス製ボウルに**6**を入れ、ゴムベラを短く持ってなめらかになるまで力強くほぐす。

POINT **6**はべたつかずにラップからきれいにはがれるのが、正しい仕上がり。

9

7の生クリームを加え、ゴムベラで底からすくうようにしながら混ぜる。

POINT 完全に混ぜず、マーブル状でもOK。

③仕上げる

1

星型（No.4）の口金で①の焼きあがったエクレア生地の底面の両端に2か所穴をあける。

2

星型（No.4）の口金をつけた絞り袋に②のカスタードクリームを入れ、穴から絞り入れる。もう1か所の穴からクリームが見えたら、そちらの穴からも少し絞り入れる。使うまで冷蔵庫で冷やす。

3

中くらいの耐熱ボウルにコーティング液用のビターチョコレートと生クリームを入れてラップをかけ、600Wの電子レンジで1分加熱する。泡だて器でしっかり混ぜあわせる。

POINT 溶け残りがある場合は追加加熱を。

4

エクレアの上面をチョコレートにつけてトントンと軽くたたきつけ、溝までコーティングする。たれたチョコレートは指でぬぐい、整える。

POINT 作業中にチョコレートがかたくなったら再度レンジであたためる。

パリパリ&とろける!
バニラのクレームブリュレ

参考動画は
こちら!

キャラメリゼされたパリパリの層と、
なめらかにとろけるクレームの層が絶妙なおいしさ!
今回はバーナーがなくても作れる方法をお教えします。

おいしく作るコツ!

・生地があたたかいうちに手早く裏ごしして
　焼くと、なめらかな仕上がりになる。

・9の湯煎焼き後は粗熱を取り、冷蔵庫で
　しっかり冷やす。できれば1日冷やすとよい。

| 材料 | 直径10×高さ3.5cm
ココット4個分 |

バニラビーンズ…1/2本
生クリーム35%…200g
牛乳…80g
卵黄…3個分
グラニュー糖…70g

グラニュー糖…80g（キャラメル用）

材料メモ

• バニラビーンズはバニラオイルか、エッセンスでも。その場合は**5**で入れる。

• 牛乳を生クリームにするとより濃厚に。

おすすめアレンジ

• グラニュー糖をブラウンシュガーやきび糖に変更するとコクが出る。バニラシュガーやシナモンシュガーにしても。

1

バニラビーンズは縦に切れ目を入れて開き、ナイフで種をこそげ取る。

POINT バニラオイルかエッセンス適量でも可。その場合、**5**で加える。

2

中くらいの耐熱ボウルに生クリーム、牛乳、**1**をさやごと入れてラップをかけ、600Wの電子レンジで1分×3回加熱し、しばらく置いておく。

POINT バニラビーンズは加熱後30分ほど置いておくと香りがよりしっかり移る。冷めたら再度1分加熱する。

> オーブンを150℃に予熱する

3

中くらいのガラス製ボウルに卵黄を、小さなボウルに卵白を分けて入れる。

CHECK!

卵白は使わないので、冷凍保存しておくのがおすすめ。保存袋に入れて薄く広げ、1か月ほど冷凍保存可能。使う時は必要な分だけ折って計量する。

4

卵黄の入ったボウルにグラニュー糖を加え、泡だて器でなじむまでしっかり混ぜあわせる。

POINT 混ざればOK。泡だてると空気が入り、なめらかな仕上がりにならないので注意。

5

2を加え、泡だて器でしっかり混ぜあわせる。

POINT 生地があたたかいうちに焼くと、なめらかに仕上がりのので、冷める前に手早く行う。

6 耐熱計量カップに生地をこしながら入れる。

POINT 裏ごしすることで、生地がまとまるとともに余分なものを取り除ける。

7 天板にココットをのせ、生地を8分目くらいまで均等に入れる。

POINT 計量カップにクッキングペーパーを密着させてのせると、細かな泡が取れてきれいに注げる。

8 オーブンに天板を入れ、40℃以上の湯を天板全体に行き渡るくらいに注ぎ、140℃で25分湯煎焼きにする。

POINT 湯煎焼きすることで表面がフルフルしている状態に焼きあがる。

9 オーブンから取り出し、10分ほど置いて粗熱を取る。ラップをかけ、冷蔵庫で1時間以上冷やしかためる。

POINT しっかりかたまり、表面をさわると弾力がある状態になればOK。できれば1日ほど冷やしたほうがおいしくなる。

10 鍋にキャラメル用のグラニュー糖を半量ほど、底一面に広がるように入れて強火にかけ、鍋を揺すりながら溶かす。

POINT ゴムベラを使うと結晶化してしまうので、揺すって溶かす。

11 グラニュー糖が溶けはじめたら、火からおろして残りのグラニュー糖を加え、再び強火にかけて揺すりながら溶かす。

POINT 火が強すぎたら時折火からおろし、様子を見ながらキャラメル化させる。

12 小さな泡が出てキャラメル色になってきたら弱火にする。

13 ぶくぶくと大きな泡が出てきたら火をとめる。

14 鍋を揺すりながら余熱で好みの色になるまで火を入れる。

POINT 火をとめると、キャラメル化する速度がゆっくりになり、好みの色に調節できる。

好みの色になったらOK。

15

キャラメルが熱いうちにスプーン2〜3杯ずつクレームにかけ、ココットをまわしてまんべんなく広げる。

POINT キャラメルは熱いのでやけどに注意。キャラメルのついた鍋やスプーンは水に浸けておくと、簡単に取れる。

16

粗熱を取り、冷蔵庫でしっかり冷やす。

POINT キャラメルをかけると、厚みのあるパリパリとした層ができる。できれば1時間以上冷やす。

【バーナーを使う場合】

1

クレームの表面にグラニュー糖適量をまんべんなくふりかけ、ココットをまわして全体に行き渡らせる。

2

余分なグラニュー糖をふり落とす。

POINT グラニュー糖が薄くまぶされた状態にすることで、パリッと仕上がる。

3

裏返したバットにココットをのせ、円を描くようにバーナーを動かして火先で表面を均一にこがす。

POINT 作業台がこげないように、必ずバットにココットをのせて作業する。

グラニュー糖がこげて溶けたらOK。

POINT ココットが熱いので注意。

4

1〜3の作業をもう2回ほど繰り返し、クレームの表面をパリッと仕上げる。残りも同様に仕上げる。

POINT キャラメルと違い、バーナーを使うと軽い食感の薄い層ができる。

5

粗熱を取り、冷蔵庫でしっかり冷やす。

POINT できれば1時間以上冷やす。

しっとりふわふわ!
米粉のパウンドケーキ

＼参考動画は／
こちら!

米粉のパウンドケーキは、
しっとり感が
おいしさの決め手。
米粉は生地が詰まってしまう
ことがあるのですが、
このレシピなら、
ふんわりおいしく作れます!

SIDE

SECTION

おいしく作るコツ!

・バターを必ず常温に戻してやわらかくしておく。

・型は熱を蓄える厚みとかたさのある金属製がおすすめ。
　シリコンはNG。

・しっとりとした生地に仕上がるように、焼きあがったら
　熱いうちにラップでぴっちり包む。

材料　長さ16×幅6.5×高さ5.5cm
角型（パウンド型）1台分

米粉…100g
ベーキングパウダー…3g
無塩バター…50g
グラニュー糖…100g
卵（M〜L）…2個

下準備

バターは常温に戻す。

材料メモ

• グラニュー糖を上白糖にするとよりしっとりし、きび糖にするとコクが出る。

おすすめアレンジ

• マフィンカップで作る場合は8分目まで生地を流し、焼きあがったら1個ずつラップで包む。焼きあがりすぐに絞り袋でいちごジャムを中心に絞っても。

オーブンを180℃に
予熱する

1

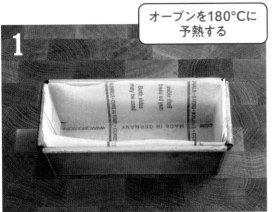

クッキングシートを型の底面と側面（側面の高さはプラス1cm余裕をもたせる）にあわせて切り、型に敷く。

2

作業台にクッキングシートを敷き、ふるいに米粉とベーキングパウダーを順に入れてふるう。粉が均一に混ざるように、もう2回ふるう。

3

中くらいのガラス製ボウルにバターを入れ、ゴムベラでほぐす。

POINT 米粉を使う場合、かたい生地にならないよう、バターをやや多めにする。

4

グラニュー糖を加え、力が入りやすいようにゴムベラを短く持ってひとまとまりになるまで混ぜる。

POINT バターの水分をグラニュー糖に吸わせるイメージで混ぜる。砂糖を加えると、生地がしっとりする。

小さなボウルに卵を割り入れ、**4**に1個を加え、泡だて器で混ぜる。

残りの卵を加え、さらに混ぜる。

POINT あとの工程でなめらかになるので、分離している状態でOK。混ぜすぎることはないのでしっかり混ぜる。

2の粉類を加え、泡だて器で中心からしっかり混ぜる。ゴムベラで混ぜ残しがないか確認しながら、さらによく混ぜあわせる。

CHECK!

ぼてっとして粘り気が出たらOK。

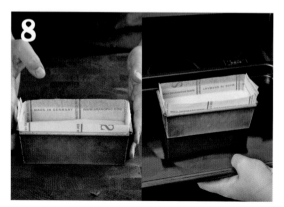

1の型に生地を入れる。作業台に4〜5回軽くたたきつけ、表面をならす。天板に型をのせ、170℃のオーブンで50分ほど焼く。

オーブンから天板ごと型を取り出し、ケーキが熱いうちに型をはずす。ラップを密着させて包み、完全に冷めるまで1時間ほど置いておく。

POINT 米粉で作ると冷めた際に生地がかたくなってしまいがちなので、包んで蒸気を閉じ込め、しっとりと仕上げる。蒸気でケーキがぬれないように密着させること。

3章

おやつパン
&パン

おやつパンやパンケーキ、フレンチトーストは

ケーキ以上に食べる機会が多いですよね。

パンといえば、こねるのが大変だったり、

うまくふくらまなかったり、時間がかかりすぎたり……

作るには何かとハードルが高いと思っている方も

いらっしゃるのではないでしょうか?

そこで、ここではこねないのにしっかりふくらむ、

驚くほど手軽で失敗しない作り方をご紹介します!

実はこれ、わが家でいつも作っているレシピなんです。

みなさんのご家庭の定番にしていただけるとうれしいです!

こねずに簡単!
ちぎりチョコパン

参考動画は
こちら!

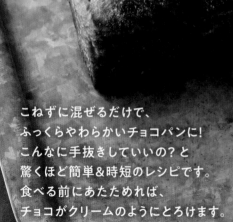

こねずに混ぜるだけで、
ふっくらやわらかいチョコパンに!
こんなに手抜きしていいの?と
驚くほど簡単&時短のレシピです。
食べる前にあたためれば、
チョコがクリームのようにとろけます。

SIDE

SECTION

おいしく作るコツ!

・こねる代わりにしっかり混ぜる。
・2倍くらいの大きさになるまで、2回ともよく発酵
　させる。
・材料を入れる順番を守る。

材料	長さ18×幅18×高さ5cm 底取れ式角型1台分（16個分）

水…150g
生クリーム35%…30g
強力粉…220g＋適量（打ち粉用、装飾用）
ココアパウダー…15g
塩…3g
インスタントドライイースト…3g
上白糖…35g
無塩バター…25g
ミルクチョコレート41%…80g

下準備

バターは常温に戻す。

材料メモ

• ココアパウダーは「ヴァローナ」がおすすめ。

• ココアパウダーを強力粉10gに変更してプレーンタイプを作っても。

おすすめアレンジ

• チョコレートの代わりにカスタード（P67参照）、生チョコ（P58参照）を包んでも。

1 クッキングシートを型の底面と側面にあわせて2枚切り、クロスさせて型に敷く。

2 耐熱計量カップに水と生クリームを入れてラップを二重にかけ、600Wの電子レンジで1分加熱する。

3 大きな耐熱ボウルに強力粉220g、ココアパウダー、塩を入れ、よく混ぜあわせる。

POINT 最終的によく混ざるので、粉類はふるわなくてOK。

4 小さなボウルにイーストと上白糖を入れてしっかり混ぜ、**3**に加える。

POINT イーストは塩に直接ふれると働きが弱まるため、先に上白糖と混ぜておく。

5 ゴムベラで全体をよく混ぜる。

6 **2**を加え、力が入りやすいようにゴムベラを短く持って粉っぽさがなくなるまでしっかり混ぜる。

POINT あたたかい状態の液体を一気に加え、水分と粉類を少しずつなじませるように混ぜる。

7

バターを加え、ゴムベラで生地を端から中央に折りたたむように、ひとまとまりになるまでよく混ぜる。

POINT 必ず常温のバターを加える。バターによって、よりしっとりとした風味のよいパンに仕上がる。

CHECK!

ボウルをまわしながら、生地を底から中央へ折り込むようにして混ぜる。バターが均一に混ざって、生地がひとまとまりになるまで繰り返す。

8

ボウルにラップをかける。60℃以上の湯（材料外）を入れた同じ大きさの耐熱ボウルにのせ、30分ほど発酵させる。

POINT 重ねたボウルの底に湯がしっかりあたるようにする。

CHECK!

2倍くらいの大きさにふくらんだらOK。

9

茶こしに打ち粉用の強力粉を入れ、作業台にふりかける。生地をのせ、上からも強力粉をふる。

10

両手で生地を押して広げながら、ガスを抜く。

POINT 途中で手につく場合は強力粉を追加する。

11

カードで生地を4等分に切る。さらにカードで生地を4等分に切り、全部で16等分にする。

POINT 目分量でOK。大幅にばらつきが出たら、多いものを少し切り、少ないものに足す。

12

生地1個を手ではさんで押しつぶし、ガスを抜く。

POINT 手のひらの付け根あたりでつぶすと作業しやすい。

13

左右に生地を引っ張り、下に端を押し込むように丸める。

14

生地を回転させて再度左右を引っ張り、丸める。表面にはりとつやが出るまで**13〜14**を繰り返す。

POINT 繰り返すことで、焼いた時にきれいにふくらむようになる。

15

生地を平たく広げ、ミルクチョコレートを5gほどのせる。

16

生地の端を中央で重ねあわせるようにしてミルクチョコレートを包む。

17

閉じ口をつまんで丸く整える。**12〜17**を繰り返し、すべての生地を成形する。

18

1の型に生地の閉じ口を下にして並べる。乾燥しないようにぬれ布きんをかけ、30分ほど発酵させる。

CHECK!

2倍くらいの大きさにふくらんだらOK。

19

> オーブンを160℃に予熱する

茶こしで装飾用の強力粉をまんべんなくふりかける。

POINT 強力粉の部分が、焼きあがった時に模様になる。

20

天板に型をのせ、150℃のオーブンで20〜25分焼く。

21

オーブンから天板ごと型を取り出し、型を作業台に2〜3回軽くたたきつける。口の大きなコップにのせて型をはずし、ペーパーをはがす。

POINT 生地に衝撃を与えると、余分な熱が飛び、生地の縮みを防げる。

クッキー生地がおいしい!
ちぎりメロンパン

\参考動画は/
こちら!

ふわふわのパンにサクサクのメロン生地がおいしいメロンパン。
失敗しないコツは、しっかり混ぜて、休ませ、
イーストにめいっぱい働いてもらうことです!

SIDE

SECTION

おいしく作るコツ!

- こねる代わりにしっかり混ぜる。
- 2倍くらいの大きさになるまで、2回ともよく発酵させる。
- 材料を入れる順番を守る。
- メロン生地を星形の口金で絞る。

| 材料 | 長さ18×幅18×高さ5cm
底取れ式角型1台分（9個分） |

【パン生地】

水…150g
生クリーム35%…30g
強力粉…240g＋適量（打ち粉用）
塩…3g
インスタントドライイースト…3g
グラニュー糖…35g
無塩バター…25g

【メロン生地】

薄力粉…90g
グラニュー糖…30g
無塩バター…70g
牛乳…20g

グラニュー糖
　…適量（仕上げ用）

| 下準備 |

バターはすべて常温に戻す。

材料メモ

• メロン生地の薄力粉を薄力粉80g＋ココアパウダー10gにするとチョコレート風味に。

おすすめアレンジ

• 生地にドライフルーツやチョコレートを包んで作っても。

• 焼きあがったパンをちぎり、断面にバターをのせ、トーストで焼くとおいしい。

①パン生地を作る

1 クッキングシートを型の底面と側面にあわせて2枚切り、クロスさせて型に敷く。

2 耐熱計量カップに水と生クリームを入れてラップを二重にかけ、600Wの電子レンジで1分加熱する。

3 大きな耐熱ボウルに強力粉240gと塩を入れてゴムベラで混ぜる。

POINT 最終的によく混ざるので、粉類はふるわなくてOK。

4 小さなボウルにイーストとグラニュー糖を入れてしっかり混ぜ、**3**に加える。

POINT イーストは塩に直接ふれると働きが弱まるため、先にグラニュー糖と混ぜておく。

5 ゴムベラで全体をよく混ぜる。

6 **2**を加え、力が入りやすいようにゴムベラを短く持って粉っぽさがなくなるまでしっかり混ぜる。

POINT あたたかい状態の液体を一気に加え、水分と粉類を少しずつなじませるように混ぜる。

83

7

バターを加え、ゴムベラで生地を端から中央に折りたたむように、ひとまとまりになるまでよく混ぜる。

POINT 必ず常温でやわらかく戻したバターを加える。

CHECK!

ボウルをまわしながら、生地を底から中央へ折り込むようにして混ぜる。バターが均一に混ざって、生地がひとまとまりになるまで繰り返す。

8

ボウルにラップをかける。60℃以上の湯(材料外)を入れた同じ大きさの耐熱ボウルにのせ、30分ほど発酵させる。

POINT 重ねたボウルの底に湯がしっかりあたるようにする。

CHECK!

2倍くらいの大きさにふくらんだらOK。

9

茶こしに打ち粉用の強力粉を入れ、作業台にふりかける。生地をのせ、上からも強力粉をふる。

10

両手で生地を押して広げながら、ガスを抜く。

POINT 途中で手につく場合は強力粉を追加する。

11

カードで生地を9等分に切る。

POINT 目分量でOK。大幅にばらつきが出たら、多いものを少し切り、少ないものに足す。

12

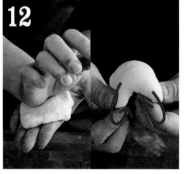

生地1個を手のひらの付け根あたりではさんで押しつぶす。左右に生地を引っ張り、下に端を押し込むように丸める。生地を回転させて再度左右を引っ張り、丸める。表面にはりとつやが出るまで繰り返す。

13

生地を下の中央で重ねあわせるようにして、つまんで閉じ、丸く整える。**12〜13**を繰り返し、すべての生地を成形する。

14

1の型に生地の閉じ口を下にして並べる。乾燥しないようにぬれ布きんをかけ、30分ほど発酵させる。

CHECK!

2倍くらいの大きさにふくらんだらOK。

②メロン生地を作る

1

オーブンを160℃に
予熱する

中くらいのガラス製ボウルに薄力粉とグラニュー糖を入れ、ゴムベラで混ぜる。

2

バターを加え、力が入りやすいようにゴムベラを短く持ってバターをほぐしながらよく混ぜあわせる。
POINT バターの水分を粉に吸わせるイメージで混ぜる。

3

牛乳を加え、ゴムベラでよく混ぜる。
POINT 牛乳を加えると、メロン生地が絞れるくらいのかたさになるとともに、メロンパン特有のガリッとした食感を作り出せる。

③仕上げる

1

星型（No.12）の口金をつけた絞り袋に②のメロン生地を入れ、①の生地1個の上に中心から渦を描くようにメロン生地を絞る。残りも同様に絞る。

2

グラニュー糖をまんべんなくふりかける。

3

天板に型をのせ、150℃のオーブンで40分ほど焼く。

4

オーブンから天板ごと型を取り出し、型を作業台に2〜3回軽くたたきつける。口の大きなコップにのせて型をはずし、ペーパーをはがす。
POINT 生地に衝撃を与えると、余分な熱が飛び、生地の縮みを防げる。

サクほろ食感！
チョコチップスコーン

参考動画は
こちら！

生地を重ねることで、大きくふくらみ、
サクサクの層が完成！
ここではベストな層が作れる方法をお教えします。
午後のおやつにぴったりのお菓子です！

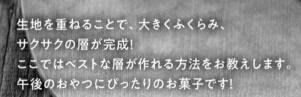

TOP

SIDE

おいしく作るコツ！

・バターは冷えたまま使い、砂糖とくっつかないように
　薄力粉をまとわせておく。
・生地は4回切り重ねる。
・ヨーグルトを加えることでサクサク感が増す。

材料　6個分

ビターチョコレート67%…40g
薄力粉…200g
ベーキングパウダー…5g
無塩バター…50g
きび糖…40g
卵(M〜L)…1個
牛乳…20g
ヨーグルト(無糖)…30g
強力粉(打ち粉用)…適量
卵黄(つや出し用)…1個分

材料メモ

• 牛乳は水や生クリームでもOK。

• 薄力粉の40gをアーモンドパウダーにかえるとよりしっとりと仕上がる。

おすすめアレンジ

• 紅茶の茶葉10gを**8**で加えるとチョコ紅茶スコーンに。

• キャロットケーキ(P123参照)のチーズアイシングを添えても。

1　まな板にビターチョコレートをのせ、粗く刻む。

2　大きなガラス製ボウルにふるいをのせ、薄力粉とベーキングパウダーを順に入れてふるう。

POINT 最終的によく混ざるので、ふるうのは1回でOK。

3　まな板にバターをのせ、1cm角に切る。

POINT バターがくっつかずにバラバラになるよう、冷蔵庫から出したての冷えたものを使う。凍っていてもOK。

4　**2**に**3**のバターを入れ、ゴムベラで粉類にバターが均一に散らばるように混ぜる。

POINT 焼いてバターが溶けた時にスコーンのおいしさを左右する層が上手に作れるよう、粉の中にバターを分散させる。

5　きび糖を加え、ゴムベラで混ぜる。

POINT サクサクした生地に仕上げるため、バターがきび糖の水分を吸わないようにこのタイミングで入れる。

6　小さなボウルに割り入れた卵を**5**の中心に加え、ゴムベラで混ぜる。

POINT 中心だけ粉類と卵が混ざった状態でOK。

CHECK!

さわると少し手につくが、ひとまとまりになっていればOK。

7 牛乳とヨーグルトを加え、力が入りやすいようにゴムベラを短く持ってしっかり混ぜる。

POINT ヨーグルトを加えることでフワッと焼きあがるだけでなく、サクサク感が増す。

8 1のチョコレートを加え、ゴムベラで混ぜる。

オーブンを180℃に予熱する

9 正方形に成形し、ラップで包み、冷蔵庫で1時間ほど休ませる。

POINT 冷やすことでのばす時に手につきにくくなる。

10 茶こしに強力粉を入れ、作業台にふりかける。生地をのせ、上からも強力粉をふる。

POINT 生地に使った薄力粉を打ち粉に使わないのは、余分な粉が生地に入り込まないようにするため。

11 めん棒で生地をひとまわり大きなサイズにのばす。

12 カードで半分に切り、表面の粉を軽く払い、生地を重ねる。

POINT 粉がついていると接着しづらくなるので接着面の粉を払う。

13 11〜12をもう3回繰り返す。

POINT 繰り返すことで、バターがところどころに入った細かい層ができ、焼くと層ごとにしっかりふくらむ。

14 13の生地をめん棒で厚さ3cmほどにのばす。

POINT 好みの厚さにのばしてもOK。

15

生地を縦半分に切る。

16

半分に切った生地をさらに小さな三角形が3つできるように切る。

17

残り半分も同様に切る。

18

天板を裏返してクッキングシートを敷き、生地をのせる。

POINT 天板を裏返すことで、下からも熱が入ってふっくら焼きあがる。

19

小さなガラス製ボウルに卵黄を入れて溶きほぐし、ハケで生地の表面にまんべんなく卵黄を塗る。

POINT 一定方向にハケを動かすと、きれいな表面に焼きあがる。

20

170℃のオーブンで、生地がふくらんで層が割れ、側面にうっすら色がつくまで20〜23分焼く。

こんなアレンジも！

＊オレオクッキー（左上）

12〜13で砕いたオレオクッキーを加えて重ね、上にも飾って焼く。

＊ドライフルーツ（下）

12〜13でクランベリーなどのドライフルーツを加えて重ねる。

＊キャラメルソース（右上）

できあがりにかける。キャラメルソースはP23の②-**2**〜**3**を参考に作る。

89

卵1個で作れる！
オールドファッションドーナツ

参考動画は
こちら！

卵1個でできる、サクッとふわふわのドーナツ。
ホワイトチョコレートを使っているので風味も抜群。
チョコレートをディップすれば、おいしさが倍増します！

SIDE

SECTION

おいしく作るコツ！

・バターの代わりにホワイトチョコレートを使うことで、
　風味がよく、色濃く揚がる。
・ドーナツ形にくりぬいたあと、竹串で線を引くことで
　揚げた時に割れてドーナツらしさが出る。

材料 直径8cm約7個分

ホワイトチョコレート…40g
牛乳…30g
薄力粉…200g
グラニュー糖…30g
ベーキングパウダー…5g
卵(M〜L)…1個
揚げ油…適量
ビターチョコレート67%…100g

材料メモ

• グラニュー糖をきび糖にかえるとコクが出る。

おすすめアレンジ

• チョコレートディップの代わりにシナモンシュガーやメープルシュガーをまぶしても。

• **3**で生地にすりおろしたレモンの皮3個分を混ぜ、チョコレートディップの代わりにレモン果汁1個分と粉糖150gを混ぜたアイシングをかけても。

小さな耐熱ボウルにホワイトチョコレートと牛乳を入れ、ラップをかけ、600Wの電子レンジで30秒加熱する。スプーンで混ぜ、冷蔵庫で冷ます。

作業台にクッキングシートを敷き、ふるいに薄力粉、グラニュー糖、ベーキングパウダーの順に入れてふるう。均一に混ざるように、もう2回ふるう。

大きなガラス製ボウルに**2**の粉類を入れ、小さなボウルに割り入れた卵を加え、ゴムベラで混ぜる。
POINT 中心だけ粉類と卵が混ざった状態でOK。

1を加え、ゴムベラでよく混ぜる。
POINT チョコレートがあたたかいとねちねちするのでしっかり冷ましてから加える。粉類に水分を吸わせるイメージで混ぜる。

粉っぽさがなくなり、ひとまとまりになったらOK。

5

正方形に成形し、ラップで包み、冷蔵庫で1時間ほど休ませる。

6

作業台にOPPシートを敷いて生地をのせ、OPPシートをかぶせて、手で押さえる。

POINT OPPシートはクッキングシートで代用可。

7

めん棒で厚さ1cm、20×20cmほどの正方形にのばす。

8

型でドーナツ形に4個くりぬく。

POINT 先に大きい型で抜いてから、中央を小さい型でくりぬく。生地が扱いにくい場合は冷蔵庫で少し冷やすとやりやすい。

9

残りの生地をまとめ、OPPシートではさみ、めん棒で再び厚さ1cmほどにのばす。型でドーナツ形に2個くりぬく。

同様に生地をまとめてのばし、ドーナツ形に1個くりぬく。残った生地は適当な大きさに切って成形する。

成形した生地の表面の中央に竹串でぐるっと一周線を引く。

POINT 揚げた時に線を引いた部分が割れ、ドーナツらしさが出る。

フライパンに高さ2cmほどまで油を入れて170℃に熱し、生地を入れて中火で1分30秒ほど揚げる。

POINT 温度がさがらないように、1回に2個くらいずつ揚げるのがおすすめ。

こんがり色づいたら裏返し、1分30秒ほど揚げる。網を敷いたバットにあげ、油分を切る。

小さな耐熱ボウルにビターチョコレートを入れ、完全に溶けるまで600Wの電子レンジで30秒×3回加熱する。スプーンでよく混ぜる。

ドーナツの半分にチョコレートをつける。軽くふって余分なチョコレートを落とし、クッキングシートを敷いたバットにのせて乾かす。

卵&バター不使用!
ミルキーな
ふわもち食パン

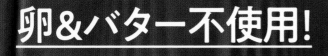

参考動画は
こちら!

ホワイトチョコレートを使用した食パンは、
ミルキーでまるでブリオッシュのようなおいしさ!
卵もバターも使わないのに、ふわふわもちもちです!

SIDE

SECTION

おいしく作るコツ!

・コクとミルキーさを出すために
　ホワイトチョコレートを使う。

・イーストとグラニュー糖とあらかじめ混ぜる。

・2倍くらいの大きさになるまで、
　2回ともよく発酵させる。

| 材料 | 長さ16×幅6.5×高さ5.5cm
角型（パウンド型）1台分 |

水…110g
生クリーム35%…30g＋適量（仕上げ用）
インスタントドライイースト…3g
グラニュー糖…5g
強力粉…160g＋適量（打ち粉用）
塩…3g
ホワイトチョコレート…30g
オリーブオイル…適量

材料メモ

• 少し味気なくなるが、生クリームは水に置きかえ可能。

おすすめアレンジ

• 6でごまやレーズンを混ぜても。

• 11のあとに「ヌテラ」を塗ったり、チョコ、チーズなどを入れて丸めても。

1

耐熱計量カップに水と生クリーム30gを入れ、ラップを二重にかけて600Wの電子レンジで1分加熱する。

2

小さなボウルにイーストとグラニュー糖を入れてしっかり混ぜる。

POINT イーストは塩に直接ふれると働きが弱まるため、先にグラニュー糖と混ぜておく。

3

大きなガラス製ボウルに強力粉160gを入れ、塩を端に加え、**2**を逆の端に離して加え、ゴムベラで軽く混ぜる。

POINT イーストが塩にふれないように離して加える。

4

1を加え、力が入りやすいようにゴムベラを短く持ってしっかり混ぜる。

POINT あたたかい状態の液体を一気に加え、水分と粉類を少しずつなじませるように混ぜる。

CHECK!

ひとまとまりになればOK。

5

小さな耐熱ボウルにホワイトチョコレートを入れてラップをかけ、600Wの電子レンジで完全に溶けるまで30秒×2回加熱する。スプーンでよく混ぜる。

6

4の生地の中央にくぼみを作って5のチョコレートを加え、ゴムベラで生地を端から中央におりたたむように、よく混ぜる。

CHECK!

ボウルをまわしながら、生地を底から中央へ折り込むようにして混ぜる。チョコレートが均一に混ざって、生地がひとまとまりになるまで繰り返す。

7

ラップをかけ、冷蔵庫で一晩寝かせて発酵させる。

POINT 一晩寝かせられない場合、少し味わいの異なる生地になるが、湯を張ったボウルにのせて30分ほど発酵させる。

CHECK!

2倍くらいの大きさにふくらんだらOK。

8

冷蔵庫からボウルごと生地を取り出し、ラップをかけたまま、60℃以上の湯（材料外）を入れた同じ大きさの耐熱ボウルにのせ、15分ほどあたためて常温に戻す。

POINT 重ねたボウルの底に湯がしっかりあたるようにする。

9

茶こしに打ち粉用の強力粉を入れ、作業台にふりかける。生地をのせ、上からも強力粉をふる。

10

両手で生地を押して広げながら、ガスを抜く。

POINT 途中で手につく場合は強力粉を追加する。

11

カードで生地を3等分に切る。

CHECK!

目分量でOK。大幅にばらつきが出たら、多いものを少し切り、少ないものに足す。

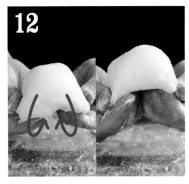

12

左右に生地を引っ張り、下に端を押し込むように丸める。生地を回転させて再度左右を引っ張り、丸める。表面にはりとつやが出るまで繰り返す。

13

生地を下の中央で重ねあわせるようにして、つまんで閉じ、丸く整える。**12〜13**を繰り返し、すべての生地を成形する。

14

型の底面と側面に手でオリーブオイルをまんべんなく薄く塗る。

POINT オリーブオイルを塗ると生地がくっつかず、パンがよい色に焼きあがるとともに型からはずれやすくなる。サラダ油やバターなどでもOK。

15

オーブンを190℃に予熱する

生地の閉じ口を下にして型に並べる。

16

60℃以上の湯(材料外)を入れた大きな耐熱ボウルに型を入れ、ボウルにラップをかけて15分ほど発酵させる。

POINT ボウルにラップをして蒸らすイメージで発酵させる。型に湯が入らないよう注意。

CHECK!

2倍くらいの大きさにふくらんだらOK。

17

小さなボウルに生クリーム適量を入れ、ハケで生地の表面に塗る。

POINT 一定方向にハケを動かすと、きれいな表面に焼きあがる。卵黄や牛乳を塗ったり、強力粉をふっても。

18

天板に型をのせ、180℃のオーブンで20〜25分焼く。

19

天板ごと型を取り出し、作業台に型を2〜3回軽くたたきつけ、型を傾けてはずす。

POINT 生地に衝撃を与えると、余分な熱が飛び、生地の縮みを防げる。

10分で完成!
とろける
フレンチトースト

こんがりとした焼き色に、とろっとあふれるチョコレート!
見た目にもおいしいフレンチトーストが漬け込みなしで、
たった10分という短時間で作れます。

参考動画は
こちら!

TOP

SECTION

おいしく作るコツ!

・卵液が染み込みやすいパンを選ぶ。
・焼き色がつくようにバターを使う。
・パンは中まで火が通ってふっくら仕上がるように
　ふたをして焼く。

材料	3人分（1人あたり2枚）

卵(L)…2個
きび糖…30g
牛乳…300 g
食パン（小さめの厚切り）…6枚
ビターチョコレート67%…60g
無塩バター、粉糖…各適量

材料メモ

• 食パンはふわもち食パン（P94参照）でも。

• チョコレートは好みで増やしてもOK。

おすすめアレンジ

• 生クリームやフルーツを添えるのもおすすめ。

• ハムとチーズをサンドして、メープルシロップをかけてもおいしい。

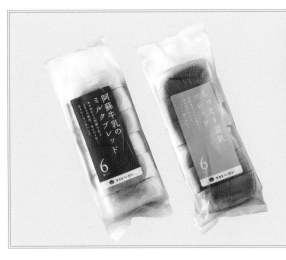

食パンはこれがおすすめ！

タカキベーカリーの「阿蘇牛乳のミルクブレッド」「しっとり豆乳ブレッド」がおすすめ。しっとりやわらかい生地なので卵液の染み込みが早く、時短になる。厚めにカットされているので側面に切れ目を入れて具材がはさみやすいところもポイント。

中くらいのガラス製ボウルに卵を割り入れ、きび糖を加え、泡だて器で中心から混ぜあわせる。

牛乳を加えて泡だて器で混ぜあわせる。

パンの側面に切り込みを深めに入れる。

POINT 切り込みを入れることで、ビターチョコレートを入れられるだけでなく、早く卵液が染み込むようになる。下まで切れてもOK。

ビターチョコレートを1枚あたり10gずつつめる。

POINT チョコレートは焼いた時に溶けてソースのようになる。チョコレートの量は好みで増減してOK。

2の卵液にパンの両面を浸す。

POINT 手で押して卵液をしっかり染み込ませる。漬け込む必要はない。

フライパンを強火にかけ、バターを入れて溶かす。

POINT バターを使うことで、おいしそうな焼き色がつく。

一旦フライパンを火からおろし、ぬれ布きんの上に置いて温度をさげる。

POINT 火加減がちょうどよくなり、パンを焼いている時にこげつかなくなる。

弱火にしてパンを入れ、ふたをして3分ほど蒸し焼きにする。

POINT ふたをすることで蒸されて、パンの中まで火が通る。

焼き色がついたら裏返し、同様にふたをして3分ほど蒸し焼きにする。

パンを器に盛り、茶こしに粉糖を入れてまんべんなくふりかける。**5〜10**を繰り返し、残りのパンも同様に作る。

こんなアレンジも！

＊キャラメルナッツ　フレンチトースト

P23の②-**1**〜**5**を参考に、バナナをくるみにかえてキャラメルナッツを作り、ビターチョコレートの代わりにキャラメルナッツをはさむ。

＊バナナメープル　フレンチトースト

ビターチョコレートの代わりにバナナをはさんで作り、できあがりに粉糖ではなくメープルシロップをかける。

ふわふわしゅわしゅわ!
スフレパンケーキ

参考動画は\nこちら!

ふわふわでしゅわっと口溶けのよいパンケーキ。
その秘密は、生地に混ぜたメレンゲにあります。
家にあるお好みのトッピングでお召し上がりください!

SIDE   SECTION

おいしく作るコツ!

- メレンゲの砂糖は一度に入れ、レモン果汁も加える。
- 6でメレンゲに生地を加えたらやさしく混ぜ、なるべく泡をつぶさないようにする。
- 弱火で蒸し焼きにする。

材料 2人分(1人あたり2枚)

薄力粉…30g
ベーキングパウダー…1g
コーンスターチ…3g
卵(M〜L)…2個
牛乳…30g
グラニュー糖…30g
レモン果汁…5g
粉糖、無塩バター、メープルシロップ…各適宜

材料メモ

- コーンスターチは片栗粉で代用可。

- ベーキングパウダーは必ず入れる。

おすすめアレンジ

- バター、はちみつ、メープルシロップ、粉糖、フルーツ、生クリーム、チョコレートなど、家にある好みのものを添えていただく。

作業台にクッキングシートを敷き、ふるいに薄力粉、ベーキングパウダー、コーンスターチの順に入れてふるう。

POINT 最終的によく混ざるので、ふるうのは1回でOK。

大きなガラス製ボウルに卵白を、中くらいのガラス製ボウルに卵黄を分けて入れる。

卵黄の入ったボウルに牛乳を加えてよく混ぜる。

1の粉類を加えて中心からよく混ぜる。

POINT 混ぜすぎることはないのでよく混ぜる。

5

2の卵白のボウルにグラニュー糖とレモン果汁を加えて軽く混ぜてなじませ、ハンドミキサーの高速で3分、中速で2分ほど泡だて、ボウルを傾けても動かないきめの細かいメレンゲを作る。

POINT レモン果汁を入れることでメレンゲがしぼみにくくなる。

6

4を加えてゴムベラでさっくり混ぜあわせる。深いコップに口金をつけずに絞り袋をかぶせ、生地をふわっと入れる。

POINT パンケーキ用の生地は、ふわっと仕上げたいので混ぜる回数は少なめに。生地が均一になったらすぐやめる。絞り袋に入れる時も押さずにやさしく入れる。

7

フライパンを強火であたため、一旦火からおろし、ぬれ布きんの上に置いて温度をさげる。

8

弱火にして、絞り袋の角を切り、生地を直径5cmほどの大きさに2つ絞る。

POINT 絞り袋の口は大きめに切り、絞り袋を持ちあげるように絞ると、横に広がらずに高さが出る。

9

水（材料外）をスプーン1杯分入れ、ふたをして弱火で3分ほど蒸し焼きにする。

POINT 水は生地にかからないように入れる。

10

ひっくり返し、再びふたをして3分ほど蒸し焼きにする。器に盛り、好みで粉糖をふり、バターとメープルシロップをかける。

POINT ひっくり返す時に水が残っていない場合、再び少し加える。

4章

季節の
お菓子

料理だけでなく、お菓子作りにおいても旬は特別。

春のいちご、秋のりんごやさつまいも、かぼちゃ、冬のニンジンと、

一年で一番おいしい食材を使って、

タルトやパイ、プリンなど人気のお菓子を作りましょう。

手間のかかるタルトやパイも、

上手に市販品を使って旬の食材と組みあわせれば、

手軽で最高においしいお菓子が完成します。

季節がめぐってくるたびにぜひ作ってみてください！

オーブン不使用!
サクサク生地の
いちごタルト

参考動画は
こちら!

市販のクッキーを使用したタルト生地は
チョコレートを活用することで驚くほどサクサクに!
カスタードクリームもレンジで簡単&失敗なし!

SIDE

SECTION

おいしく作るコツ!

・チョコレートでビスケットをコーティングする。

・カスタードは数回に分けて加熱し、よく混ぜる。

・タルト生地にカスタードを入れたら冷凍庫で
急速冷却し、30分置いたら冷蔵庫に移動する。

材料	直径18×高さ2.5cm底取れ式 タルト型1台分

【タルト生地】
ビスケットまたは
クッキー(市販品)…120g
ホワイトチョコレート…70g

【カスタードクリーム】
薄力粉…30g
卵黄…3個分
グラニュー糖…50g
牛乳…300g

【デコレーション】
いちご…1〜2パック
粉糖…適量

材料メモ

• ビスケットは「チョイス」がおすすめ。

• フルーツは好みのものでOK。

おすすめアレンジ

• ホワイトチョコレートの代わりにビターチョコレートでタルト生地を作り、フルーツをオレンジにするのもおすすめ。

---

①タルト生地を作る

チャックつきの保存袋にビスケットを入れ、空気を逃がせるように少し開けて袋を閉じる。袋の上にめん棒を転がして細かく砕く。

POINT めん棒を使うことで早く細かく砕ける。

小さな耐熱ボウルにホワイトチョコレートを入れてラップをかけ、完全にチョコレートが溶けるまで600Wの電子レンジで30秒×2回加熱する。

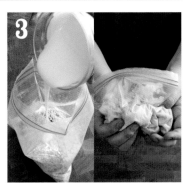

1に2のチョコレートを加え、ビスケットとなじむまで、手でよく混ぜあわせる。

POINT チョコレートでクッキーをコーティングすることで、サクサク感が保てる。

型に入れ、グラスの底面で生地を型の底面にしっかり押してかためる。

POINT 袋にくっついている生地はスプーンでこそげ取って余すことなく入れる。

型の端に盛りあがってきた生地をグラスの側面と親指でしっかり押してかためる。

POINT 最初ははがれやすいが、チョコレートが冷えてくるとかたまる。

ラップをふんわりかけ、冷凍庫で30分冷やしかためる。

POINT この状態で型ごと保存袋に入れれば、2週間ほど冷凍保存可能。しっかり冷えてから次の工程のカスタードを作る。

107

②カスタードクリームを作る

1
作業台にクッキングシートを敷き、その上に薄力粉をふるいで1回ふるう。
POINT ここは粉類が薄力粉のみなのでふるうのは1回でOK。

2
大きなガラス製ボウルに卵黄を、小さなボウルに卵白を分けて入れる。
POINT 卵白は使わないので、P71 **CHECK!** を参考に冷凍保存しておく。

3
卵黄の入ったボウルにグラニュー糖を加え、泡だて器で中心からしっかり混ぜあわせる。
POINT しっかり混ざればOK。

4
1の薄力粉を加え、泡だて器で中心からよく混ぜる。
POINT 粉がなじめばOK。

5
牛乳を2回に分けて加え、その都度、泡だて器でなじむまでよく混ぜる。
POINT 牛乳は冷たいまま入れる。

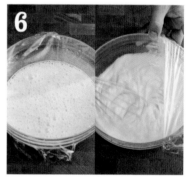
6
ラップをかけ、600Wの電子レンジで1分×6回加熱する。その都度、泡だて器で全体が同じかたさになるよう中心からしっかり混ぜる。
POINT 中心から熱が入ってかたくなるため、中心からよく混ぜる。

CHECK!

4回目の加熱。ややかためでとろみがある状態。
POINT 毎回しっかり混ぜるとなめらかなカスタードクリームになる。

CHECK!

6回目の加熱。とろみがなくなり、さらっとした状態になったらOK。

③仕上げる

1
①の型に②のカスタードクリームを熱々のまま流し入れる。
POINT 熱々のカスタードクリームを流し入れることで、生地の表面が溶けてクリームとひとまとまりになる。

2

ラップを表面に密着させてかけ、手
で平らにならす。冷凍庫で30分、続
けて冷蔵庫で30分冷やす。

POINT 凍ると食感が悪くなるので注意。

3

ヘタのついたいちご4個を仕上げ用
に取り置く。そのほかのいちごはヘ
タを落とし、V字に切り込みを入れる。

CHECK!

ヘタを落としたところに、左
右から斜めに切り込みを入れ
て中央部分を切り落とすと、
いちごが立体的に見える。

4

口の大きなコップにのせて型をはずす。

5

ヘタを切り落としたいちごの断面を
外側に向けながら、タルトの縁に沿
ってぐるっと一周並べる。

6

ヘタを切り落としたいちごの残りを
乱切りにする。

POINT まっすぐ乱切りにするのではなく、
斜め4等分の乱切りにすると、飾った時
に、より動きが出る。

7

6をタルトの中央に盛る。

8

茶こしに粉糖を入れる。型の底面を
タルトにのせ、縁に沿って粉糖をふ
りかける。

9

取っておいたいちごのヘタを持ちあ
げ、中央のいちごの上に飾る。

POINT ヘタを持ちあげてクセをつける
と、動きが出てより映える。

簡単なのにさっくり＆こんがり！
アップルパイ

参考動画は
こちら！

パイにホワイトチョコレートを混ぜて土台を作り、
りんごをのせて、かわいい編み込みをほどこしました。
こんがり焼かれたホワイトチョコレートの風味が最高です！

SIDE

SECTION

おいしく作るコツ！

・チョコレートでパイをコーティングする。

・りんごを加熱後、水分が多いようなら水気を切る。

・パイシートはよく冷えたものを使う。

材料 直径18×高さ2.5cm底取れ式
タルト型1台分

パイ菓子(市販品)…120g
ホワイトチョコレート…80g
りんご(皮・種つき)…300g
きび糖…30g
レモン果汁…10g
冷凍パイシート(18×18cm、市販品)
　…2枚
卵黄…1個分
牛乳…20g

冷凍パイシート

冷凍パイシートは手
に入るものでOK。作
業の直前まで冷凍庫
でよく冷やしておく。

材料メモ

• パイは「源氏パイ」がおすすめ。

おすすめアレンジ

• ブルーベリー、洋梨、アップルマンゴー
　など、好みのフルーツで作っても。

• レーズンなどのドライフルーツや紅茶の
　茶葉などを**7**の加熱前に加えてもおいしい。

1

チャックつきの保存袋にパイを入れ、空気を逃がせる
ように少し開けて袋を閉じる。袋の上にめん棒を転が
して細かく砕く。

POINT めん棒を使うことで早く細かく砕ける。

2

小さな耐熱ボウルにホワイトチョコレートを入れてラ
ップをかけ、完全にチョコレートが溶けるまで600Wの
電子レンジで30秒×2回加熱する。

3

1にチョコレートを加え、パイとなじむまで手でよく混
ぜあわせる。

POINT チョコレートでパイをコーティングすることで、サク
サク感が保てる。

4

型に入れ、グラスの底面で生地を型の底面にしっかり
押してかためる。型の端に盛りあがってきた生地をグ
ラスの側面と親指でしっかり押してかためる。

POINT 袋にくっついている生地はスプーンでこそげ取る。最
初ははがれやすいが、チョコレートが冷えてくるとかたまる。

ラップをふんわりかけ、冷凍庫で5分以上冷やしかためる。

POINT この状態で型ごと保存袋に入れれば、2週間ほど冷凍保存可能。

りんごの皮をむいて種を除き、1〜2cmほどの角切りにする。

POINT りんごの皮は紅茶に入れてアップルティーにしても。

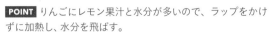

中くらいの耐熱ボウルに入れ、きび糖とレモン果汁を加えて混ぜ、600Wの電子レンジで2分30秒×3回加熱し、その都度軽く混ぜる。

POINT りんごにレモン果汁と水分が多いので、ラップをかけずに加熱し、水分を飛ばす。

CHECK!

りんごがくたっとしたらOK。

バットに移し、5〜10分置いて粗熱を取る。**5**の型に入れ、スプーンで表面をならす。使うまで冷蔵庫に入れておく。

POINT りんごの水分が多いようなら、水気を切る。

オーブンを210℃に予熱する

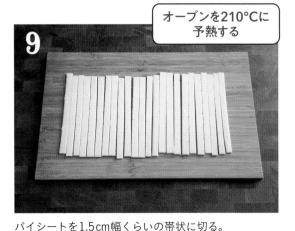

パイシートを1.5cm幅くらいの帯状に切る。

POINT パイシートはよく冷えたものを使い、手早く作業する。あたたまって扱いにくくなってきたら、一旦冷凍庫で冷やす。

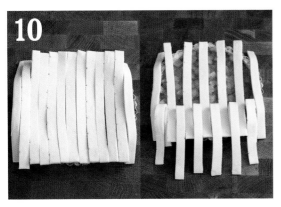

8の型を覆うように**9**のパイシートを13本ほど並べ、1本おきに2/3ほどめくる。

めくった位置に**9**のパイシートを横に1枚置き、めくっていたパイシートをもとに戻す。次に**10**でめくらなかったパイシートをめくり、その位置に**9**のパイシートを横に1枚置き、めくっていたパイシートをもとに戻す。

11を繰り返して全体を編む。縁の部分は、指でパイシートを型に押しつけるようにして余分な生地を取り除き、端をなじませる。

残った**9**のパイシートを半分の幅に切る。手に2本取り、1本をもう1本に巻きつけ、端を重ねてくっつける。

POINT 端を持ちあげて空中で作業すると、やりやすい。

型の縁のパイシートに指で水をつけ、**13**の巻きつけたパイシートをのせて貼りつける。

小さなボウルに卵黄を入れて溶きほぐし、牛乳を加えて混ぜ、ハケでパイシートの表面にまんべんなく塗る。天板に型をのせ、200℃のオーブンで40分焼く。

裏ごし不要!
ほくほく
スイートポテト

参考動画は
こちら！

裏ごしせずに
泡立て器で混ぜるだけ!
バターが香る作りたての
おいしさを堪能したあとは、
生クリームをトッピング
するのもおすすめです。

SIDE

SECTION

おいしく作るコツ!

・さつまいもはふかす代わりにレンジ加熱で手軽に。
　簡単につぶせるようしっかり加熱する。

・さつまいもによって甘味が変わるので、途中で味見を
　して好みで甘味を調整する。

材料 長さ16×幅6.5×高さ5.5cm
角型（パウンド型）1台分

さつまいも（皮つき）…300〜320g
生クリーム35％…80g
きび糖…50g
無塩バター…30g
卵（M〜L）…1個
卵黄（つや出し用）…1個分

材料メモ

• きび糖は上白糖や三温糖にすると、より
  しっとりした生地になる。

•「フルール ド セル」（P13参照）を2g追加
  すると旨味が増す。

おすすめアレンジ

• ナツメグ1g、もしくはナツメグとシナモ
  ン各0.5gを**4**で入れると風味が増す。

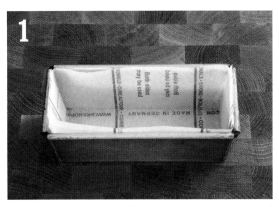

1

クッキングシートを型の底面と側面にあわせて切り、型
に敷く。

2

さつまいもの皮をむき、大きなガラス製ボウルに入れ
てふんわりラップをかけ、600Wの電子レンジでやわら
かくなるまで4分×2回加熱する。

POINT さつまいもの量は多少前後してもOK。ボウルに入ら
ない場合は適当な大きさに切る。

3

泡だて器でさつまいもをつぶす。

POINT さつまいもがまだかたい場合は、簡単につぶせるくら
いまで1分ほど追加加熱する。ボウルもさつまいもも熱いの
で、やけどしないように注意。

CHECK!

このくらい細かくなればOK。あとでバターを加
えるとなめらかになるので、裏ごしをする必要
はない。

4

生クリームときび糖、バターを入れ、泡だて器でなじむまで軽く混ぜる。

POINT この時点ではペースト状になっていなくてOK。

5

ラップをかけ、600Wの電子レンジで2分加熱する。

POINT 生地に糖分と油分が含まれているため、加熱すると炊きあげる効果があり、一体感が出る。

6

> オーブンを210℃に
> 予熱する

泡だて器でよく混ぜる。

POINT 熱いのでやけどしないように注意。

CHECK!

なめらかなペースト状になったらOK。

POINT 加熱して炊きあげたことで、簡単になめらかになる。少し食感があるほうがおいしいので裏ごしは不要だが、なめらかさを極めたいなら裏ごししても。

7

小さなボウルに割り入れた卵を加え、泡だて器でしっかり混ぜる。

POINT 卵を加えたら火が入ってしまわないようにすぐに混ぜる。

CHECK!

とろっとしてつやが出たらOK。

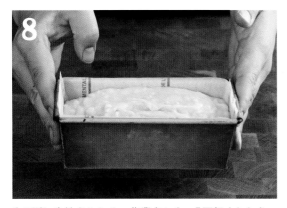

8

1の型に生地を入れる。作業台に4〜5回軽くたたきつけ、表面をならす。

9

小さなボウルに卵黄を入れて溶きほぐし、フォークで表面に塗る。

POINT 卵黄を塗ることで、おいしそうな焼き色がつく。フォークで塗ると跡がつき、焼きあがった際に模様になる。

10

天板に型をのせ、200℃のオーブンで20分焼く。

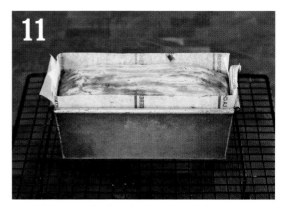

11

オーブンから天板ごと型を取り出し、型をケーキクーラーにのせ、完全に冷めてかたまるまで1時間以上置いておく。

POINT すぐに型から取り出すと形が崩れるので注意。

こんなアレンジも！

さつまいもの半量をかぼちゃにして作ると、コクが出て、色味が濃くなります。

8でアルミカップに入れて焼いたり、**7**を冷蔵庫で1時間ほど冷やしてから好みの形に成形し、焼いても。

濃厚&なめらか!
かぼちゃプリン

参考動画は
こちら!

かぼちゃのコクと甘さがたっぷり詰まった濃厚プリン!
混ぜて焼くだけで、しっとりなめらかな仕上がり。
ポイントは生地があたたかいうちに焼くことです!

おいしく作るコツ!

- 生地があたたかいうちに手早く焼くことで、分離せず
  なめらかに仕上がる。
- キャラメルは粘度があるものの、さらっとしている
  状態にする。

材料 長さ16×幅6.5×高さ5.5cm
角型（パウンド型）1台分

【キャラメル】
グラニュー糖…40g
湯…45g

【プリン液】
かぼちゃ（皮つき）
　…150g（正味100〜120g）
牛乳…150g
きび糖…40g
卵（M〜L）…2個

下準備

卵は常温に戻しておく。

材料メモ

• キャラメルのグラニュー糖をきび糖にするとコクが出る。

おすすめアレンジ

• かぼちゃにさつまいもやくりを混ぜたり、全部をさつまいもに置きかえて作ってもおいしい。

• 耐熱のマグカップやプリンカップ、ガラスの器で作っても。量によって焼き時間は調整する。

---

①キャラメルを作る

鍋を中火にかけてあたためる。グラニュー糖を半量ほど、鍋の底一面に広がる程度入れ、揺すりながら溶かす。

POINT ゴムベラを使うと結晶化してしまうので揺すって溶かす。

色づいてキャラメル化しはじめたら、残りのグラニュー糖を加え、鍋を揺すりながら溶かす。

POINT 火が強すぎたら時折火からおろし、様子を見ながらキャラメル化させる。

小さな泡が出てきたら火をとめ、そのまま鍋を揺すりながら余熱で好みの色になるまで火を入れる。

POINT 火をとめると、キャラメル化する速度がゆっくりになり、好みの色に調節できる。

湯15g（大さじ1）を加えて鍋を揺すってなじませ、さらに湯15gを加えて鍋を揺すってなじませる。

POINT 湯は一度に加えるとキャラメルがはねるので注意。

119

5

再び中火にかけ、完全に沸騰するまで加熱する。途中、湯15gを加える。

POINT 再び沸騰させることで、水とグラニュー糖が混ざる。

CHECK!

さらっと流れるも粘度が十分あるくらいになれOK。かたい場合、湯でのばす。

6

熱いうちに型に流し入れ、冷蔵庫で10分ほど冷やしかためる。

POINT あとであたたかいプリン液を加えるので、しっかり冷やしておく。

②プリン液を作って仕上げる

1

かぼちゃの種とわたを取ってラップで包む。600Wの電子レンジでやわらかくなるまで3分加熱する。

POINT わたをしっかり取ったほうが、なめらかな生地に仕上がる。

2

ラップをはずして粗熱を取り、かぼちゃを適当な大きさに切って皮を取り除く。耐熱計量カップに入れる。

POINT 加熱することで、皮は手やナイフで簡単に取れるようになる。皮の食感が気にならないなら、やわらかくなっているので、皮つきのまま使ってもよい。

3

別の耐熱計量カップに牛乳を入れ、ラップを二重にかけて600Wの電子レンジで2分加熱する。

4

2の計量カップに、きび糖、卵、**3**の牛乳を加え、すぐにハンドブレンダーでなめらかになるまで攪拌する。

POINT フードプロセッサーや泡だて器を使ってもOK。泡だて器の場合はボウルで行い、加えるたびに混ぜ、裏ごしする。

5

スプーンで**4**のプリン液を一旦受けとめながら、型にそっと流し入れる。

POINT プリン液がキャラメルに直接あたると、割れてしまうことがあるので注意。

6

型をバットにのせ、さらに天板にのせる。オーブンに入れ、バットに40℃以上の湯を1cmの高さになるくらい注ぎ、160℃で1時間ほど湯煎焼きにする。

POINT 竹串を刺してもプリンがつかず、型をふっても表面が揺れないくらいの状態に焼きあげる。

7

オーブンから型を取り出し、ケーキクーラーにのせて冷めるまで2時間ほど置いたあと、ラップをかけて冷蔵庫で2時間冷やしかためる。

8

型の縁に沿ってぐるっと一周ナイフを入れる。

9

型に器をのせてひっくり返し、上下に軽くふって取り出す。

POINT ふることですきまから空気が入り、きれいに型からはずれる。

チーズアイシングがおいしい!
キャロットケーキ

参考動画は
こちら!

千切りとすりおろしの2つの食感のニンジンと
シナモン、ナツメグを入れることで
ニンジンのおいしさを最大限に活かしました!

SIDE

SECTION

おいしく作るコツ!

- ニンジンは千切りとすりおろしの2種類を入れること
  で食感が増し、味がほどよく出る。
- シナモンとナツメグで上品な香りになる。
- アイシングは時間がたつとかたくなってしまうので、
  生地の粗熱が取れてから作り、できたてを塗る。

| 材料 | 長さ16×幅6.5×高さ5.5cm
角型（パウンド型）1台分 |

【キャロットケーキ生地】
薄力粉…100g
ベーキングパウダー…3g
シナモン、ナツメグ（粉）
　…各0.5g程度
無塩バター…80g
きび糖…80g
卵（M～L）…2個
ニンジン（皮つき）…100g
くるみ…30g＋適量（飾り用）
レーズン…15g

【チーズアイシング】
クリームチーズ…70g
無塩バター…15g
粉糖…20g

| 下準備 |

すべてのバターと卵、クリームチーズは常温に戻す。

| 材料メモ |

• ニンジンの量は多少前後してもOK。

• スパイスはSBなど一般的なものでOK。

| おすすめアレンジ |

• レーズンはラムレーズンやアプリコットなどにかえてもおいしい。

• くるみとレーズンの代わりに市販のレモンコンフィ45gを入れるのもおすすめ。

---

①キャロットケーキ生地を作る

1

オーブンを180℃に予熱する

クッキングシートを型の底面と側面（側面の高さはプラス1cm余裕をもたせる）にあわせて切り、型に敷く。

POINT オーブンを予熱することで、生地のまわりはカリッと中はふわっと焼きあがるので忘れずに予熱する。

2

作業台にクッキングシートを敷き、ふるいに薄力粉、ベーキングパウダー、シナモン、ナツメグの順に入れてふるう。粉が均一に混ざるように、もう2回ふるう。

POINT シナモンとナツメグによって、香りが上品になる。

3

大きなガラス製ボウルにバターを入れ、ゴムベラでほぐす。

POINT バターをやわらかくしておくことで材料が混ざりやすくなる。

4

きび糖を加え、力が入りやすいようにゴムベラを短く持ってなじむまで混ぜる。

POINT バターの水分をきび糖に吸わせるイメージで混ぜる。

卵を小さなボウルに割り入れ、1個を加え、泡だて器で混ぜあわせる。

残りの卵を加えてさらに混ぜる。

POINT あとの工程でなめらかになるので、分離している状態でOK。

千切り器でニンジン30gほどを千切りに、すりおろし器で残りのニンジン70gほどをすりおろしにする。

POINT ニンジンは皮をむかなくてOK。千切りとすりおろしの2種類を入れることで、食感にバリエーションが出る。好みにあわせてどちらか1種類でも。

6に7のニンジンを加え、泡だて器で中心から混ぜあわせる。

POINT ニンジンの水分が加わるために分離するが、気にせずしっかり混ぜる。

2の粉類を加え、泡だて器で中心から混ぜあわせる。

POINT 泡だてず、粉となじませるイメージで混ぜる。

CHECK!

きれいに乳化してしっかりなじみ、つやが出たらOK。

くるみ30gとレーズンを加え、ゴムベラで混ぜあわせる。

POINT 同時に混ぜ残しがないかも確認する。

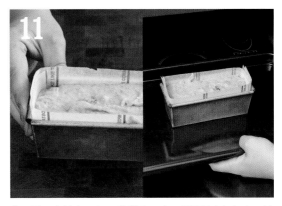

1の型に生地を入れ、作業台に4〜5回軽くたたきつけ、表面をならす。天板に型をのせ、170℃のオーブンで1時間ほど焼く。

オーブンから天板ごと取り出し、型をケーキクーラーにのせ、1時間ほど置いて粗熱を取る。

POINT アイシングする前のこの状態なら、2週間ほど冷凍保存可能。②のアイシングは、時間がたつとかたくなるので、しっかり粗熱が取れてから作り始める。

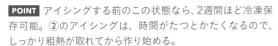

②チーズアイシングを作る

中くらいのガラス製ボウルにクリームチーズとバターを入れ、力が入りやすいようにゴムベラを短く持ってほぐしながらなじむまで混ぜる。

POINT ボウルに押しつけるようにすると、混ざりやすい。

③仕上げる

粉糖を加え、ゴムベラでボウルに押しつけるようにしながら混ぜあわせる。

POINT 粉糖がバターの水分を吸うことでアイシングがやわらかくなり、冷やすとしっかりかたまる。

1のキャロットケーキのクッキングシートをはずし、ゴムベラで②のチーズアイシングをのせて広げる。刻んだくるみ適量を飾る。

POINT アイシングはゴムベラで無造作にのせればOK。

STAFF

調理アシスタント　大森美穂（DEL'IMMO）
撮　影　柿崎真子
フードスタイリング　青木夕子
装　丁　Barber
本文デザイン　五十嵐ユミ
ライター　鶴留聖代
校　正　東京出版サービスセンター
編　集　森摩耶　川上隆子（ワニブックス）

もっと！とんでもないお菓子作り

著　者　江口和明

2023年10月13日　初版発行
2024年11月10日　2版発行

発行者　髙橋明男
編集人　青柳有紀
発行所　株式会社ワニブックス
　　　　〒150-8482
　　　　東京都渋谷区恵比寿4-4-9　えびす大黒ビル
ワニブックスHP　http://www.wani.co.jp/

お問い合わせはメールで受け付けております。
HPより「お問い合わせ」へお進みください。
※内容によりましてはお答えできない場合がございます。

印刷所　TOPPANクロレ株式会社
製本所　ナショナル製本